Wolfgang Thielmann

So geht evangelisch

Heinrich Bedford-Strohm im Porträt

HERDER

FREIBURG · BASEL · WIEN

Für Birgit und Rosa

Umschlaggestaltung: Verlag Herder
Umschlagmotiv: © dpa Picture-Alliance

Satz: Barbara Herrmann, Freiburg
Herstellung: CPI books GmbH, Leck

Printed in Germany

ISBN: 978-3-451-34237-0

Inhalt

Vorwort

»Bedford-Strohm, Heinrich Bedford-Strohm. Stören Sie sich nicht an dem amerikanischen Nachnamen.« Der Satz blieb bei mir haften. Hermann Barth hatte ihn gesagt. Hermann Barth war ein solider Theologe, ein Menschenkenner und ein guter Ratgeber. Und der Präsident des Kirchenamtes der Evangelischen Kirche in Deutschland. Ich besuchte ihn in Hannover. Ein Jahr zuvor hatte ich bei der Wochenzeitung *Rheinischer Merkur* die Leitung des Ressorts »Christ und Welt« übernommen. Nun war ich auf der Suche nach jüngeren Autoren und unverbrauchten Namen. Ich fragte Hermann Barth, wen er aus der neuen Theologengeneration im Auge habe. Wem er zutraue, in der Theologie und der Kirche eine Rolle zu spielen. Und wer verständlich formulieren und unterhaltsam schreiben könne. Er überlegte und ging ein paar Namen durch. »Bedford-Strohm ist ein Sozialethiker«, sagte er dann. »Er hat schon in Zeitungen geschrieben, und das hat mir alles gefallen.« Den Satz über den Namen sagte Barth, weil amerikanische Theologie in Deutschland mitunter im Verdacht gestanden hatte, etwas oberflächlich und zu sehr am Funktionieren orientiert zu sein.

Hermann Barth nannte eine Telefonnummer und eine Mailadresse. Ich rief an und wir wurden schnell einig. Ich gewann den Eindruck, Heinrich Bedford-Strohm würde gerne schreiben. Er war zu ungewöhnlichen Zeiten anruf-

bar. Wir konnten kurzfristig Interviewtermine vereinbaren. Das freut Journalisten. Sie sind auf Autoren angewiesen, die schnell reagieren.

Über die Jahre ist aus dem ersten Kontakt, den Hermann
Barth vermittelte, eine Reihe von Beiträgen und Interviews
hervorgegangen: Über eine Gesellschaft, die ihre schwachen
Mitglieder fördert, über die Theologie im Zusammenspiel
der Wissenschaften, über den Bologna-Prozess, der das
Hochschulstudium vereinheitlichen sollte und das Gegen-
teil bewirkte. 2002 haben wir uns auch persönlich kennen
gelernt, als das Parlament, die Synode der Evangelischen
Kirche, in Amberg in der Oberpfalz zusammentrat. Er
gehörte zum Vorbereitungsausschuss für das Schwerpunkt-
thema »Globalisierung verantwortlich gestalten«. Auch
sein Vater Albert Strohm war gekommen.

2004 ist Heinrich Bedford-Strohm Professor in Bamberg geworden und 2011 Landesbischof der Evangelisch-
Lutherischen Kirche in Bayern. Ende 2014 wurde er
zudem ins höchste Amt des deutschen Protestantismus
gewählt und amtiert als Ratsvorsitzender der Evangelischen Kirche in Deutschland. Der *Rheinische Merkur*
wurde 2010 eingestellt. Das Ressort *Christ und Welt* lebt
bei der Wochenzeitung *Die Zeit* weiter. Zuletzt haben wir
beide dort die theologischen Klingen gekreuzt: er für die
Kirchensteuer, ich dagegen.

In diesen Jahren hat Heinrich Bedford-Strohm eine
moderne Konzeption für ein Christentum in der Gegenwart weiterentwickelt, die Öffentliche Theologie. Er bezeichnet sie auch als Befreiungstheologie für eine demo-

kratische Gesellschaft. Sein Lehrer und Freund Wolfgang Huber hat die Rolle der Kirche in der heutigen Gesellschaft neu durchdacht. Huber bewegte, dass sich die Verbindung der Kirche zum Staat gelöst hat: Die Ehe zwischen Vater Staat und Mutter Kirche ist geschieden. Die Kirche muss diese neue Position aber nicht als Verfall früherer Ordnungen betrauern. Sie braucht nicht auf die Wiederherstellung einstiger Macht zu warten und muss nicht an Vorrechten von früher kleben. Und sie braucht sich auch keine »Entweltlichung« zu verordnen, wie es Papst Benedikt XVI. seiner Kirche empfahl. Die Kirche kann ihre Position in der Postmoderne auch als neu gewonnene Freiheit begrüßen und gestalten. Sie kann sich mit ihren Überzeugungen und ihren Impulsen und Ideen an die ganze Gesellschaft wenden. Sie kann das Gewissen der Gesellschaft sein, ihr Kitt und ihre Zukunftswerkstatt und die Schatzkammer ihrer Traditionen. Und sie kann die Emanzipation der Gesellschaft von jeder Bevormundung begrüßen, auch von religiöser.

Für diese neue Architektur der Kirche hat Heinrich Bedford-Strohm originelle Sichtachsen und Zentralperspektiven entworfen. Bei seinem Vater Albert Strohm hat er eine Kirchengemeinde kennen gelernt, die den Menschen Räume anbot, vor allem Kindern und Jugendlichen. Sie konnten sich ausprobieren. Die Kirche gab ihren Wünschen ein Zuhause und ihrer Begeisterung ein Ziel. Als junger Theologe hat sich Heinrich Bedford-Strohm für die Theologie der Befreiung interessiert und für die Gerechtigkeitstheorie des amerikanischen Philosophen John Rawls. Beide Denkansätze haben seinen Sinn für eine Gesellschaft geschärft, die ihre eigenen Kräfte fördert, aber sie für die Schwachen in ihren Reihen einsetzt. Und die darauf bedacht ist, dass die Stärke der Starken die Schwachheit der Schwachen mildert. Eine solche Gesellschaft, ist Heinrich Bedford-Strohm überzeugt, braucht die Kirche. Dazu muss die Kirche lernen, ihre Überzeugungen so zu formulieren, dass man sie ohne Fachkenntnisse versteht. Sie soll den Politiker und den Wissenschaftler, den Handwerker und den Schüler fähig machen, Maßstäbe für sein Handeln zu gewinnen. Jeder soll sehen können, dass Vorschläge der Kirche vernünftig sind und den Menschen dienen, auch dann, wenn er den Glauben an Gott nicht teilt. Mit dieser Überzeugung hat Bedford-Strohm einige der wichtigsten Dokumente mitformuliert, die die evangelische Kirche in den letzten 20 Jahren veröffentlicht hat. Darunter befinden sich zwei Denkschriften zur Armut und zu einer leistungsfähigen, gerechten Wirtschaft. Denkschriften sind, grob vereinfacht, ungefähr das, was Papstenzykliken für die katholische Kirche bedeuten.

Auch für dieses Buch hat Heinrich Bedford-Strohm freundlich und engagiert zur Verfügung gestanden. Ich danke ihm dafür. Dank gilt auch seiner Frau Deborah Bedford-Strohm und seinem Vater Albert Strohm für ihr Vertrauen und die Offenheit, mit denen sie ihre Gedanken geteilt haben, sowie Kara und Wolfgang Huber für Auskünfte, Austausch, Einschätzungen und wichtige Hinweise. In Bezug auf die Entstehung des Buches denke ich gern an viele, die das Projekt befördert haben. Zu manchen haben sich neue und engere Kontakte ergeben. Darunter sind Günther Beckstein, Friedhelm Hofmann, Thomas Silberhorn und Claudia Stamm. Michael Brinkmann und Carsten Splitt von der Evangelischen Kirche in Deutschland und Johannes Minkus von der Evangelisch-Lutherischen Kirche in Bayern samt ihren Teams danke ich für die freundliche und professionelle Vermittlung von Terminen und Hintergrundinformationen. Karlies Abmeier von der Konrad-Adenauer-Stiftung hat mich schnell und verlässlich unterstützt. Ralf Meyer hat uns souverän gefahren und ungestörte Gespräche im Auto ermöglicht. Meine Lektoren Thomas Nahrmann und Simon Biallowons vom Herder Verlag haben mich mit der Buchidee gefordert und waren anregende Partner bei der Fertigstellung.

Bonn, im April 2015

Wolfgang Thielmann

Der frisch Gewählte:
Die Charme-Offensive beginnt

Draußen herrscht schon Dunkelheit, aber das Dresdner Kongresszentrum ist am späten Abend des 11. November 2014 noch hell erleuchtet. Die SPD hat die Synode, das Parlament der Evangelischen Kirche in Deutschland, zum Empfang eingeladen. Vor den raumhohen Fenstern geht der Blick auf die nur schemenhaft sichtbare, ruhig fließende Elbe. Bundesjustizminister Heiko Maas hat die 200 Mitglieder und Gäste der Synode begrüßt, die sich im Foyer versammelt haben, danach Martin Dulig, der Spitzenkandidat der Landespartei. Zwei Tage später wird Dulig zum stellvertretenden sächsischen Ministerpräsidenten ernannt. Die Frauen vom Service beginnen mit Tabletts voll Wein- und Biergläsern ihren Slalom zwischen den Stehtischen, um die sich Synodale und Parteigrößen in kleinen Gruppen versammelt haben.

Dann steigt der Mann, den alle erwarten, die Freitreppe aus dem Obergeschoss hinunter. Sechs Stunden am Stück hat er Interviews gegeben. Ist hinuntergegangen in die Elbaue, hat sich fotografieren lassen. Immer noch federt sein Gang. Die Züge des freundlichen Gesichts hinter der braunen Hornbrille sind entspannt, ein Lächeln liegt auf den Lippen. Der Mann begrüßt ein paar Freunde und geht zum schmalen Podium vor der violetten Stellwand. Hinter ihm, auf Kopfhöhe, steht rot umrahmt in weißen Buchstaben »SPD«. Die Hausfarbe der Evangelischen Kirche ist ebenfalls violett. Der Mann fühlt sich unter beiden Adressen zuhause. Er ist Mitglied der SPD, aber seine Mitgliedschaft ruht seit drei Jahren. Denn Heinrich Bedford-Strohm ist Landesbischof der Evangelisch-Lutherischen Kirche in Bayern. Heute Nachmittag haben die Synodalen ihm die Führung der Evangelischen Kirche in Deutschland (EKD) in die Hand gelegt und ihn zum Vorsitzenden des EKD-Rates gewählt.

Heinrich Bedford-Strohm bittet um Verständnis für die vielen Interviews. Das letzte läuft gerade in den Tagesthemen der ARD. Er sagt, dass es ihm Spaß gemacht habe. Und bedankt sich – bei seiner Frau Deborah: »Es war für die Familie nicht leicht, die Spannung vor der Wahl zu ertragen, zu wissen, dass sich nachher vielleicht viel ändern wird, aber ohne darüber reden zu können.«

Übermorgen wird der Bundestag über Sterbehilfe debattieren. Der neue Ratsvorsitzende spricht das Thema an – und erzählt von seinem 85-jährigen Vater Albert Strohm. Am Anfang des Jahres musste die Familie auf sein Sterben gefasst sein. Es stand schlimm um ihn. Die Ärzte rangen um sein Leben. Aber dann kam der Vater doch wieder zu Kräften. Heute hat er angerufen, er freut sich mit, so wie sich seine Eltern immer mitgefreut haben. Vor zehn Jahren, als der Kleinstadtpfarrer Heinrich Bedford-Strohm aus Coburg Professor in Bamberg wurde. 2011, als er zum bayerischen Landesbischof gewählt wurde. »Ich bin glücklich, dass mein Vater auch jetzt noch Anteil nimmt«, sagt Heinrich-Bedford Strohm und lächelt. Das sind seine Markenzeichen, das Lächeln wie auch die Geschichten voller Hoffnung. Könnte er freundlicher andeuten, dass er jede Art von aktiver Sterbehilfe ablehnt, als zu sagen, wie unendlich viel ihm ein alter Mann am Ende seines Lebens bedeutet, dadurch, dass er da ist und Anteil nehmen kann?

Heinrich Bedford-Strohm mit seiner geradlinigen Karriere ist das neue Gesicht der evangelischen Kirche. Ein Professor, ein Bischof, eine Charme-Offensive. Er kann kämpfen. Er kann vor allem verbinden. Er will gewinnen, Wahlen und Menschen. Die evangelische Kirche meldet sich mit Freundlichkeit auf der öffentlichen Bühne zurück.

Der Pfarrerssohn:
Freiheit schmecken

Memmingen, am Südwestrand Bayerns im Regierungs-
bezirk Schwaben, liegt verkehrsgünstig und ist eine der
aufstrebenden Städte Bayerns. Die Einwohnerzahl wächst.
Seit 2008 landen die Fluggesellschaften Ryanair und Wizz-
air auf dem früheren Fliegerhorst der Bundeswehr, dem
höchstgelegenen Verkehrsflughafen Deutschlands und
dem kleinsten der drei im Freistaat.

Alle vier Jahre vergibt die Stadt einen Freiheitspreis.
Denn zur Zeit der Bauernkriege, 1525, formulierten die
Anführer der aufständischen Bauern hier in Memmingen
zum ersten Mal ihre Forderungen nach Freiheit und
Gleichheit, gegründet auf das Evangelium. Ihre zwölf Artikel sind so etwas wie eine frühe Erklärung von Menschen-
rechten. Heinrich Bedford-Strohm sitzt in der Jury des
Freiheitspreises. 1960 wurde er in Memmingen geboren,
genau gesagt im Dorf Buxach, das 1972 eingemeindet
wurde. Hier ist er zuhause, regional und auch geistig.
Zuletzt verlieh die Jury den Preis 2013 an die junge Pakis-
tanerin Malala Yousafzai. Sie kämpfte im pakistanischen
Swat-Tal, das von Taliban beherrscht war, dafür, dass
Mädchen zur Schule gehen können. Dafür wurde sie bei
einem Attentat schwer verletzt.

In der Jury des Freiheitspreises sitzt auch der frühere
Landtagsabgeordnete Herbert Müller. 1960 war er in der
evangelischen Jugendarbeit engagiert. Er erinnert sich an

den damaligen Pfarrer Albert Strohm, Heinrich Bedford-Strohms Vater. »Pfarrer Strohm hat uns Gruppenleiter als Bezirksjugendpfarrer geistlich begleitet und gefördert. Er war ein ganz engagierter Mann«, sagt Müller.

1960 wird Barbara und Albert Strohms viertes Kind geboren. Sie nennen den Sohn Hans-Heinrich. Vor ihm sind Dietrich, Frederike und Christoph geboren. Fünf Jahre lang ist Heinrich der Jüngste. Dann kommt die Tochter Renate nach. Es gibt ein Bild des vierjährigen Heinrich: Er steht im Dachstuhl eines Bauernhauses, das zum Gemeindezentrum umgebaut werden soll. Mit dem Vater und den Geschwistern deckt er die alten Dachziegel ab.

Das Bild erzählt viel über Heinrichs Kindheit, denn Kirche und Theologie prägen das Leben der Familie. Schon Albert Strohm ist Pfarrerssohn. Er stammt aus Bayreuth. Sein Bruder Theodor Strohm promoviert gerade; er wird später Theologieprofessor in Berlin und Zürich und lehrt in Heidelberg Theologie und Diakoniewissenschaften. Damit gehört er zu den Vordenkern der Diakonie, des evangelischen Wohlfahrtsverbandes. Der ist heute mit fast einer halben Million Beschäftigten und ebenso vielen ehrenamtlich Engagierten einer der größten Arbeitgeber nach dem Staat und der katholischen Caritas.

Die Mutter, Barbara Strohm, hatte Theologie fürs Lehramt und Germanistik belegt. Ein Angebot, über den Dichter Jeremias Gotthelf zu promovieren, lehnt sie zwar ab. Doch die Literatur begleitet ihr Leben, vor allem die Gedichte von Rainer Maria Rilke. »Sie ist ein ganz anderer Typ als mein Vater«, sagt Heinrich. Sie ist Mutter von fünf

Kindern und Pfarrfrau, die sich in der Gemeinde engagiert. Viele Jahrzehnte arbeitet sie auch bei Amnesty International mit und übernimmt für Niederbayern die Auslösung von »Urgent Actions«, Sofortmaßnahmen, wenn Menschen von einer Hinrichtung oder von grausamen Strafen bedroht sind. Außerdem betätigt sie sich als Künstlerin, leitet Batikkurse und fertigt Batiken für Kirchen. Und gestaltet legendäre Schaukästen, das Einladungsmedium der Zeit. Trotzdem bewahrt sie sich eine Distanz zu den etablierten kirchlichen Welten. »Sie hatte immer einen Affekt gegen alles zu Amtliche«, erinnert sich Heinrich Bedford-Strohm. Aber die Verantwortung für das Gemeinwesen hat auch sie kennen gelernt. »Schon die Familie, aus der sie kam, hat ihre Warmherzigkeit geschätzt«, berichtet ihr Mann.

So gestaltet sich die Konstellation zuhause: eine Mutter, die neben allem Engagement für die Familie da ist, und ein Vater, der Gemeindearbeit als Beitrag zum Gemeinwesen versteht. Am Tisch diskutiert die Familie über Politik und Privates. Eine geschützte, Gedanken anregende Atmosphäre.

Zu den protestantischen Frömmigkeitsformen der Familie Strohm gehört das Tischgebet vor und das Dankgebet nach dem Essen – jedenfalls dann, wenn es warm auf den Tisch kommt, so wie das bei Protestanten und Katholiken damals üblich ist. Die Mutter betet auch abends mit den Kindern. Das hat der Sohn bei seinen eigenen Kindern übernommen, sagt er. »Ansonsten ist die Frömmigkeit, die ich zuhause erlebt habe, nicht die gleiche, die ich jetzt selbst praktiziere. Die zuhause war zurückhaltender, nüchtern, alles andere als etwa evangelikal und weitab vom Enthusiastischen, zu dem ich eher neige.« Der Vater zeigt sich auch skeptisch gegenüber der Taizé-Spiritualität, die dem Sohn wichtig wird. Doch Heinrich Bedford-Strohm hat die Frömmigkeit der Eltern als glaubwürdig in Erinnerung. Nach einem Weihnachtsfest, erinnert er sich, gab es in der Gemeinde heftigen Protest. Albert Strohm hatte in der Christvesper Bilder von hungernden afrikanischen Kindern gezeigt. »Mein Vater hat immer ein bisschen quer zur bürgerlichen Religiosität die ethisch geprägte kritische Stimme hereingebracht«, sagt Heinrich Bedford-Strohm. Sein älterer Bruder Christoph ist heute Professor für Kirchengeschichte in Heidelberg.

1967 zieht die Familie an eine neue Pfarrstelle in Coburg. Die Stadt gilt als schwieriges Pflaster für die Kirche. Im Herzen Frankens und vor allem in München, erzählt Albert Strohm, heißt die Region »das Galiläa der Heiden«. Ihn ficht das nicht an. Schon 1968 baut er ein Gemeindezentrum am Ketschendorfer Hang, das heutige Zentrum St. Lukas. Es vereint Kirche, Pfarrhaus und die Gemeinderäume. Weißer Kalksandstein im halben Versatz lässt die gegliederte Front unter tief heruntergezogenen Dächern ebenmäßig wirken. Drinnen ebenfalls sichtbares Kalksandstein-Mauerwerk, aber lebendiger im Viertelversatz mit Köpfen. Ein ausgetiefter Betonquader als Taufstein. Der Blick geht frei ins Gebälk aus mächtigen Leimbindern. Der Bau ist schlicht und auf das Wesentliche reduziert, so wie gute Architektur in diesen Jahren aussieht. »Das Vorbild dafür hatte ich in Amsterdam gesehen«, verrät Albert

Strohm. Für den Bau hat er den bekannten Architekten Hans-Busso von Busse gewonnen. Das Granitpflaster am Altar setzt sich fort durch den Gang und vor der Tür weiter bis auf den Bürgersteig. Alles aus demselben Material und in derselben Ausführung. Der durchgehende Weg soll zum Ausdruck bringen, dass Kirche und Welt zusammenhängen und keine gegeneinander abgeschotteten Räume darstellen. Im Gemeindezentrum am Ketschendorfer Hang bekommt Heinrich die Impulse, durch die er später das Programm der Öffentlichen Theologie mitformulieren wird. Schon in den Sechzigerjahren ist dem Vater Gemeinwesenarbeit wichtig, die heute wieder als »Sozialraumorientierung« entdeckt wird.

Die Glocke, die an einer Trägerkonstruktion vor der Frontmauer hängen soll, lässt Albert Strohm im thüringischen Apolda gießen, also in der DDR. Die fertige Glocke holt er mit seinem Opel Rekord Caravan ab. Das kommt im Fernsehen. Heinrich sieht die Reifen fast aus den Radhäusern quellen, die Federung drückt auf den Anschlag. Die Glockeninschrift gibt einen Satz aus der Offenbarung des Johannes wieder: »Siehe, ich mache alles neu.« Das steht auch auf dem Grabstein des Großvaters. Die Gewissheit, dass Gott die Welt erneuert und den Menschen damit Mut gibt, auch selbst an der Erneuerung mitzuarbeiten, gehört sozusagen zu den Grundlagen des Familienglaubens.

Deborah Bedford-Strohm ist überzeugt, dass Heinrich dort, im Gemeindezentrum am Ketschendorfer Hang, die Impulse bekommen hat, durch die er später das Programm der Öffentlichen Theologie mitformulierte: »Da hat er eine Theologie kennen gelernt, die für ihre Umgebung Bedeutung gewann.«

Albert Strohm pflegt auch regelmäßig Kontakte in die nahe DDR. Eine Patengemeinde liegt in Mecklenburg-Vorpommern. Und Coburg gehört wegen des nahen Übergangs in Hof zur Region des kleinen Grenzverkehrs. Dort ist es leichter, Visa für Tagesreisen in die DDR zu bekommen. Albert Strohm nutzt das für Gemeindeausflüge. Dabei lernt auch Heinrich die Orte jenseits des Grenzzauns kennen: »Ich bin als Junge in die DDR gekommen, sah die Dörfer dort und habe noch den Geruch der Braunkohlefeuerung in der Nase.« Während des Winters ist die Luft in der DDR vom stickigen Qualm der Braunkohle durchsetzt. Denn der Arbeiter- und Bauernstaat muss mit der heimischen Energiequelle heizen. Das teure Öl aus der Sowjetunion dient vor allem der Produktion.

Heinrich fühlt sich im Gemeindezentrum am Ketschendorfer Hang zuhause. Er erlebt hier die Kirche als einen Treffpunkt von Glauben und Welt. Im Gemeindezentrum initiiert sein Vater eine offene Jugendarbeit. Mit Tischtennis, mit Räumen zum Treffen, aber ohne ständige Aufsicht oder Programm. »Da wurden die ersten Erfahrungen zwischen Mädchen und Jungs gemacht«, sagt der heutige Ratsvorsitzende, »aber das alles hat mir nicht geschadet.« Die ersten Zigaretten rauchen sie hinter dem Gemeindezentrum. Natürlich haben sich die Nachbarn beim Vater, dem Pfarrer, beschwert. Und der Vater hat die Freiheit der Jugendlichen verteidigt. Nicht das Rauchen. Aber er warb dafür, den jungen Leuten ihren Raum zu lassen. Die Jungen fühlen sich ernst genommen, auch darin, sich auszuprobieren. »Mir haben die heimlichen Zigaretten im Jugendalter gereicht; ich habe nie wieder in meinem Leben das Bedürfnis danach gehabt«, sagt Heinrich.

So hat er die Kirche seines Vaters als einen Raum der Freiheit erlebt: »Wir wussten: Da sind wir gewollt, da dürfen wir hin, da steht keine Bekenntnis- und Glaubenskontrolle an der Tür, sondern da dürfen wir einfach sein.«

Schon Albert Strohm war von der Theologie des NS-Märtyrers Dietrich Bonhoeffer geprägt. Und der Sohn hat die Theologie Bonhoeffers über die offene Jugendarbeit und den Raum der Freiheit kennen gelernt. Deswegen fasst Heinrich Bedford-Strohm Bonhoeffer heute so zusammen: »Ich kann mich auf die Gotteswirklichkeit nur einlassen, wenn ich mich ganz auf die Weltwirklichkeit einlasse.« Säkularität und Frömmigkeit, Kirche und Welt, sind daher für ihn kein Gegensatz. In einem Bischofsbericht vor der Synode seiner bayerischen Landeskirche hat er sich eine Erweckungsbewegung gewünscht, die Frömmigkeit mit der Liebe zur Welt verbindet.

»Diesen Grundimpuls Bonhoeffers habe ich in meiner Kindheit erlebt, und er hat mein Bild von Kirche geprägt. Ich glaube nicht, dass ich sonst die Theologie studiert hätte«, sagt Heinrich Bedford-Strohm.

In Coburg besucht er von 1966 bis 1979 das Gymnasium Caisimirianum, eine traditionsreiche Schule, benannt nach ihrem Stifter Herzog Johann Casimir von Sachsen-Coburg. 1601 wurde der Grundstein gelegt. Heinrich wird Schülersprecher. Bis heute hat er auch daran intensive

Erinnerungen, sagt er. »Auch deshalb, weil mein Terminkalender damals ähnlich gefüllt war wie jetzt: Ich habe Geige im städtischen Kammerorchester gespielt. Als Schülersprecher habe ich ziemlich viele Dinge auf den Weg zu bringen versucht.« Manche Ergebnisse sind heute noch sichtbar, vermerkt er zufrieden: »Die Parkzone für Mofas und Motorräder direkt vor der Schule ging auf meine Verhandlungen mit der Stadt zurück. Immer wenn ich heute dort vorbeikomme, denke ich gerne daran.«

Das mit der Parkzone lag auch im eigenen Interesse. Damals fuhr er Motorrad, eine MZ aus Zschopau in der DDR. Die MZ, genannt »Emme«, ist robust, einfach und günstig. Es gibt sie für 2500 Mark beim Versandhaus Neckermann. Aber er kauft eine gebrauchte von einem polnischen Aussiedler, einen Tausender billiger. »Ich musste sie auf deutsche TÜV-Tauglichkeit umrüsten und eine Blinkeranlage anbauen.« Noch einmal 200 Mark. Aber er ist stolz, richtig Geld gespart zu haben. Mit dem Motorrad unternimmt er Ausflüge bis ins damalige Jugoslawien. »Es hat erst den Geist aufgegeben, als ich von Freiburg nach Erlangen zum Theologiestudium umgezogen bin.« Er bleibt mit einem Kolbenklemmer auf der Autobahn liegen.

Nachts ist Heinrich öfter in der Disco zu finden. Morgens um acht gibt er Nachhilfe, vor allem in Latein. Und dann ist da das politische Engagement. Heinrich hat den »Arbeitskreis demokratischer Schüler« mitgegründet und ist dessen Vorsitzender. Der Kreis steht der SPD nah, ohne zur Partei zu gehören.

Als Vorsitzender des Arbeitskreises veranstaltet er alle zwei Wochen Versammlungen, zu der die Presse eingeladen

wird. »Wir haben über Kernkraft geredet und über Friedensethik. Ich habe beispielsweise einmal den Film ›War Game‹
gezeigt.« Die Schülergruppe hat ihn stark beschäftigt, erinnert er sich heute. Und sie schafft Verbindungen in die
Lokalpolitik: Sein stellvertretender Vorsitzender Norbert
Kastner ist später achtzehn Jahre lang Oberbürgermeister
von Coburg.

Und 1976 trifft er Deborah Bedford, eine Austauschschülerin aus den USA. Für vier Wochen ist sie nach Coburg
gekommen und wohnt bei einem Mitschüler. Sie hat den
zweiten Preis in einem Deutsch-Wettbewerb gewonnen,
einen Zuschuss zu einem Aufenthalt in Deutschland. Ihr
Vater, ein Lehrer, hat in den USA und in Frankreich unter-
richtet. Sie ist in beiden Ländern zur Schule gegangen und
hat in Frankreich Deutsch gelernt. »Der erste Eindruck
von diesem unbekannten hübschen Mädchen war stark«,
berichtet er. Auf dem Pausenhof und den Partys unterhal-
ten sich die beiden. Am Abend vor der Abreise wird mehr
daraus. »Am darauf folgenden Morgen, bevor in aller
Frühe der Bus mit Deborah und der Austauschklasse zum
Flughafen startete, gab es einen dramatischen Abschied.
E-Mails waren noch nicht erfunden, deshalb schrieben
wir uns fünf Jahre lang, am Anfang häufiger, später selte-
ner. Bei allen Entdeckungen, die man in diesem Alter so
macht, war doch klar: Wir wollten uns wiedersehen.«

1977 wird der Vater als Dekan nach Passau berufen, als
Leiter des Kirchenkreises mit 16 Kirchengemeinden und
35.000 Protestanten. 2013, als Landesbischof, trägt sich
Heinrich Bedford-Strohm ins Goldene Buch der Stadt ein,

und er erinnert sich daran, dass in der katholischen Bischofsstadt die Ökumene immer gut funktioniert habe. Konfessionelle Grenzen seien nie unüberwindlich gewesen.

Hier sind die Protestanten in der Minderheit und stellen nicht wie in Coburg vier Fünftel der Bevölkerung. Doch schon in Coburg hatte der Vater einen ökumenischen Arbeitskreis gegründet. Auch die Mutter engagiert sich in Passau. Sie hatte sich zu Beginn vor dem Umzug gefürchtet. Passau, das war tiefstes Niederbayern für sie, die Bremerin, und damit einfach fremd. Doch beide gehen offen auf die Partner in der anderen Kirche zu. Barbara Strohm macht bei der ökumenischen Frauenarbeit mit und gibt Batikkurse. Das ist unvergessen, erinnert sich der Sohn: »Die katholischen Frauen von damals sind ihr auch heute noch eng verbunden mit ihren achtundachtzig Jahren, weil sie sich da in ihrer ganzen Bescheidenheit eingebracht hat.« Heinrich, der das Haus verlässt, um seinen Wehrdienst zu leisten, nimmt noch mit, dass die Ökumene die Arbeit der Eltern prägt – und dass sie sie als Bereicherung sehen und nicht als Schicksal der Minderheit unter Andersgläubigen. »Deshalb habe ich Ökumene immer als etwas Positives erlebt«, sagt er heute.

In Passau hat Heinrich 1979 seinen Grundwehrdienst angetreten, wie seine zwei Brüder. Auf den Straßen der Stadt haben sie dabei ihren Lkw-Führerschein gemacht. Noch herrscht allgemeine Wehrpflicht. Jeder junge Mann musste 15 Monate einrücken. Die Entscheidung hat er sich schwer gemacht. Wer damals zum Gymnasium und zur evangelischen Jugendarbeit geht, verweigert in der

Regel. Weil viele Pfarrer den Militärdienst infrage stellen, oder weil schon der Jugendleiter verweigert hat. »Aber das hat mir immer widerstrebt, auch später: dass bestimmte Fragen nicht gestellt wurden und alle einer herrschenden Meinung folgten.« Die bestimmte Frage stellte er sich so: »Kann ich aus Gewissensgründen den Dienst mit der Waffe ablehnen und ihn anderen überlassen, wenn es doch Situationen gibt, in denen alles andere noch schlimmer wäre?« Heinrich beantwortet sie mit nein. »Ein unbedingter Pazifismus, der über sein Handeln unabhängig von verantwortungsethischen Überlegungen entscheiden würde, war schon damals nicht mein Weg«, sagt er. Also tritt er den Dienst an, auch wenn er ihm schwer fällt. Aber er will Sanitäter werden.

Nach der Grundausbildung, in Kempten, beantragt Heinrich die Befreiung vom Waffendienst. Aber es dauert, bis darüber entschieden wird, und darüber geht der Wehrdienst zu Ende. Später, im Theologiestudium, entschließt er sich dann doch, das Verweigerungsverfahren zu beantragen. Dazu muss man damals vor Gericht seinen Entschluss begründen. Aber Theologen sind ohnehin von der Wehrpflicht befreit. Sein Antrag wird nicht zur Verhandlung zugelassen. »Kein Rechtsschutzinteresse«, heißt es in den Behördenbescheiden damals, wenn ein angehender Theologe beantragte, den Wehrdienst verweigern zu können.

Der Student und Assistent:
Mach es!

Aber erst einmal entschließt er sich, Jura und Geschichte zu studieren. Sein älterer Bruder Christoph wird Theologe, und die Theologie liegt so sehr in der Familie, dass er sich zuerst dagegen entscheidet. Er schreibt sich an der Universität Freiburg ein und besucht ein Seminar des späteren Verfassungsrichters Ernst-Wolfgang Böckenförde. Eine seiner Seminararbeiten verfasst er bei Heinrich August Winkler über die Rolle der deutschen Industrie bei der Machtergreifung Adolf Hitlers.

Doch nach dem ersten Semester ist für ihn klar, dass auch er sich zur Theologie hingezogen fühlt. »Ich habe in dieser Zeit viel Bibel gelesen«, erinnert er sich. Sein Onkel Theodor gibt ihm einen wichtigen Rat. Der ist inzwischen Professor für Theologie in Zürich. Später übernimmt er an der Heidelberger Universität das Diakoniewissenschaftliche Institut. »Theodor«, fragt der Neffe ihn, »denkst du, mit dem bisschen Glauben, das ich habe, kann ich Theologie studieren?« »Mach es!«, ermutigt ihn der Onkel. Die Entscheidung reift mit dem Lesen der Bibel. »Und dann ist der Glaube eigentlich immer mehr gewachsen. Das Theologiestudium hat mich total fasziniert und es hat mich total interessiert, und ich habe es seitdem noch keine Sekunde bereut, wirklich keine einzige Sekunde.«

Theologie wird ein völliger Neuanfang. Erst muss er Griechisch und Hebräisch lernen. Um das abzukürzen, bringt er sich ab dem zweiten Jurasemester in Freiburg jeden Tag eine Lektion Griechisch bei.

1981 wechselt er an die Friedrich-Alexander-Universität nach Erlangen, die Hochburg des konservativen Luthertums. Und er sieht Deborah wieder, die Austauschschülerin aus den USA. Die beiden hatten einander nach ihrem Kennenlernen in Coburg immer wieder geschrieben. Jetzt absolviert Deborah eine kunstgeschichtliche Weltreise, finanziert durch ihre Stipendienstiftung, und sie kommt auch nach Deutschland. Er nutzt die beiden Vorbereitungswochen auf die Hebräischprüfung, um mit ihr in den Alpen zu wandern. Die letzten gemeinsamen Tage verbringen sie in Venedig. Auf dem Markusplatz sprechen sie über ein gemeinsames Leben: »Wir versuchten, unsere bis dahin unterschiedlichen Lebenswelten einander anzunähern.« Die Anziehung, sagt er, war größer als der Unterschied zwischen einem deutschen Protestanten, der über Wege der Solidarität mit der Dritten Welt nachdachte, und der amerikanischen Studentin, »die der Kunst, der Schönheit und Formen der Spiritualität zugetan war, die sich nicht an kirchlicher Orthodoxie orientierten.«

Nächtelang diskutieren sie über frauengerechte Sprache, aber auch über Kinder und die Erziehung. Im Hinterkopf bewegt er die Fragen: Will ich mit ihr ein gemeinsames Leben führen? Reichen die Gemeinsamkeiten, aber auch die unterschiedlichen Gedanken und Gefühle für eine Partnerschaft auf Dauer? Heute sagt er: »Die Unterschiedlichkeit macht unsere Beziehung tragfähig.« Beide überlegen lange. Für sie ist es gar nicht leicht, wegen eines Mannes nach Deutschland zu ziehen. Er findet es schwierig, für eine Frau ohne Arbeitserlaubnis mit einem Bachelor in Kunstgeschichte in Deutschland Verantwortung zu übernehmen. Doch die Liebe schiebt alle Bedenken an die Seite. Sie beschließt, zu ihm zu kommen, und bricht ihre Weltreise ab. Als er in Erlangen studiert, jobbt sie mit Englischunterricht.

Heinrich hat sich bei Friedrich Mildenberger eingeschrieben. Und lernt vieles von Wilfried Joest, dem Leiter des Werner-Elert-Studentenwohnheims, in dem er eine Bleibe gefunden hat. Joest ist einer der wenigen evangelischen Fundamentaltheologen. Er verbindet Martin Luther mit Karl Barth. Vorlesungen über Neues Testament belegt Heinrich bei Jürgen Roloff. Zusammen mit Deborah organisiert er im konservativen Erlangen Schweigewachen für den Frieden. Mit ihr fährt er zu den großen Demonstrationen in Bonn für Frieden und für ein Ende des Wettrüstens der Supermächte im Kalten Krieg, den größten Kundgebungen, die die alte Bundesrepublik gesehen hat. Und er engagiert sich im Konvent des Evangelischen Studienwerks im Sauerlandörtchen Villigst. Es ist heute ein Teil der Stadt Schwerte. Heinrich ist Villigster Stipendiat.

Zum dritten Semester wechselt er nach Heidelberg an die Ruprecht-Karls-Universität. 17 Jahre wird er in der Stadt verbringen.

Er hört im Studium Heinz-Eduard Tödt, den großen alten Mann der evangelischen Sozialethik, der die letzten zwei Jahre bis zu seiner Emeritierung lehrt. Tödt gehörte zu den Begründern der Friedensforschung an der Forschungsstelle der Evangelischen Studiengemeinschaft (FEST) in Heidelberg. Zudem zählte er zu den Herausgebern der Werke von Dietrich Bonhoeffer. Als junger Mann hat Tödt den Krieg in den Schützengräben erlebt. Die Auseinandersetzung mit Bonhoeffer hat ihn tief geprägt. Nach der Entlassung aus sowjetischer Kriegsgefangenschaft 1950 hat er nach eigenen Aussagen »einen langen Weg der Umbesinnung zurückgelegt.« In Heidelberg gehörte er zu den Begründern der Friedensforschung. Geduldig setzt er sich mit den protestbewegten Studenten der Achtundsechzigerjahre auseinander und übt mit ihnen solidarisch und kritisch, wie sie ethische Entscheidungen treffen und prüfen. Heinrich findet wieder, was ihn seit Schülertagen beschäftigt. Die Sozialethik wird endgültig sein Thema.

1982 bezieht er mit Deborah, die jetzt Psychotherapeutin werden will, eine winzige Wohnung in der Apothekergasse 9 mitten in der Stadt. Sie haben 20 Quadratmeter im Altbau, kein Bad. »Es war schön, zusammen zu wohnen, sich nicht verabreden zu müssen, ganz und gar den Alltag teilen zu können.« Sie setzen sich gemeinsam in der Friedensbewegung ein und schließen weitere Freundschaften.

In den Semesterferien reisen beide in die USA. Heinrich soll endlich die Eltern, Großeltern und Deborahs Schwester kennenlernen. »Meine Schwiegermutter hatte ihre Tochter, seit die 16 geworden war, von diesem Deutschen reden hören, zu dem sie diese besondere Beziehung hatte.« Ihm öffnet sich eine neue Welt. Zum Beispiel, dass die andere Familie sich schnell und viel umarmt und damit ihre Herzlichkeit ausdrückt. Das kennt er nicht von zuhause.

Zwei Jahre später heiraten Heinrich und Deborah – in Boston in den USA. Da können sie auch beide einen Doppelnamen annehmen, anders als in Deutschland. Die Ehereform von 1976 hatte in Deutschland zwar das Recht aus dem Jahr 1900 abgelöst und Partnerschaft zwischen Mann und Frau gebracht. Bis dahin konnte der Mann sogar den Arbeitsvertrag seiner Frau kündigen. Doch ein Doppelname ist auch danach nur für einen der Partner erlaubt. Beide müssen einen einzigen Ehenamen festlegen.

Zur Hochzeit reisen die Eltern und drei der Geschwister an. Die jüngere Schwester Renate ist in Chile und kann nicht weg. Es wird ein Fest, das ihm in Erinnerung bleibt, »im Herzen«. Eine Kraftquelle mehr für sein Leben und seinen Glauben.

Immer wieder machen sie sich in diesen Jahren auch Gedanken, wo sie gemeinsam leben wollen, in Deutschland oder den USA. »Die Brisanz wich, als wir sahen, dass wir in jedem der beiden Länder Heimat finden konnten.«

Deborah zuliebe begräbt Heinrich den Plan, in Argentinien die Theologie der Befreiung zu studieren. Beide haben sich 1984 erst einmal von Heidelberg aus in Berkeley in der Nähe von San Francisco eingeschrieben. Sie macht ihren Master in Klinischer Psychologie, der ihr später ermöglichen soll, in Deutschland als Psychotherapeutin zu arbeiten. Er studiert an der Pacific School of Religion.

Doch in Berkeley bekommt er die Chance, ein Block-seminar bei Gustavo Gutiérrez zu belegen. Der 1928 gebo-rene peruanische Professor hat der Befreiungstheologie mit einem Buchtitel von 1972 ihren Namen gegeben. Gutiér-rez hatte in Europa studiert und hielt Kontakt mit Kolle-gen wie den Konzilstheologen Karl Rahner und Hans Küng. Er hatte sich auch mit den evangelischen Theologen Karl Barth und Dietrich Bonhoeffer befasst. Armut, so lau-tet einer seiner Kerngedanken, ist kein Unglück, sondern eine Ungerechtigkeit. Bei seiner Analyse geht Gutiérrez immer von der Bibel aus. Jesus ist für ihn das Beispiel dafür, dass alle Menschen in Würde leben sollen. Das macht für ihn die »Option für die Armen« aus, einer der zentralen Begriffe aus der Befreiungstheologie, die in die großen Kirchen eingewandert ist und auch das Denken von Heinrich Bedford-Strohm prägt. Der Vatikan kriti-sierte Teile der Theologie, weil sie aus römischer Sicht Standpunkte aus dem Marxismus übernahm. Doch Gutiérrez blieb von Bannstrahlen aus Rom unbehelligt. 2013 empfing ihn Papst Franziskus.

Heinrich Bedford-Strohm findet viele Gemeinsamkei-ten, als er eine Woche lang bei Gutiérrez Vorlesungen hört und ihn interviewt. »Wir haben uns sehr gut verstan-den.«

Deborah Bedford-Strohm sagt: »Gutiérrez hatte aller-größten Einfluss auf Heinrich.«

Schon ein Jahr vor dem Aufenthalt in Berkeley, im fünf-ten Semester, hatte ihn Heinz-Eduard Tödt nach einer Vor-lesungsprüfung auf eine Promotion angesprochen. Tödt riet ihm, sich mit der Gerechtigkeitstheorie des amerikanischen Philosophen John Rawls zu beschäftigen. Heinrich setzt sich hin und arbeitet Rawls' Werk gründlich durch – und ist begeistert.

In den USA lernt er dann die Diskussion um einen Hirtenbrief der katholischen US-Bischöfe zur Frage der Gerechtigkeit kennen. Er ist das erste Dokument aus einer reichen Kirche der westlichen Welt, in dem die »Option für die Armen« die zentrale ethische Achse bildet. Der Hirtenbrief stammte von 1983. Die USA und Europa diskutieren über die Nachrüstung. Die Sowjetunion hatte atomare Mittelstreckenraketen stationiert. Diese Waffen mit begrenzter Reichweite und Zerstörungskraft konnten die Schwelle zum Atomkrieg senken. Bisher hatten beide Mächte vor allem Interkontinentalraketen mit ungeheurer Sprengkraft, die keine nahen Ziele erreichten. Das westliche Bündnis antwortete darauf mit dem Nachrüstungsbeschluss: Die USA stationierten ebenfalls Mittelstreckenraketen in Europa. Eine auch in Deutschland heftig umstrittene Entscheidung. In dieser aufgeheizten Stimmung sagen die katholischen US-Bischöfe Nein zu jedem atomaren Angriff auf zivile Ziele.

Heinrich Bedford-Strohm arbeitet die Diskussion um das Dokument in der Kirche und in der Gesellschaft auf. Und er entdeckt Annäherungen an die Gerechtigkeitstheorie, die er bei Rawls kennengelernt hat. Das Konzept der Promotion beginnt sich herauszuschälen.

Auch kirchlich machen die beiden neue Erfahrungen. Sie wohnen im Nachbarort Oakland in einer vor allem von Schwarzen bewohnten Straße. Dort liegt auch St. Philip's Lutheran Church, eine schwarze Gemeinde mit ihrem

Pastor Richard Wallace. Auch der ist von Bonhoeffer beeinflusst. Und er verbindet theologische Bildung mit einer fröhlichen, urwüchsigen persönlichen Frömmigkeit. »*God don't make no junk*«, Gott produziert keinen Ausschuss, lautet einer der Sätze, mit der er den benachteiligten Schwarzen Glauben und Selbstbewusstsein zuspricht. Er predigt, wie schwarze Theologen predigen, politisch und fromm und gar nicht akademisch, obwohl er ein Intellektueller ist. »Ich habe viel von seinem Predigtstil gelernt«, sagt Heinrich. Er, Deborah und Wallaces Frau sind die einzigen weißen Mitglieder der Gemeinde. Im Kirchenchor singen sie Gospels. Und sie engagieren sich. Heinrich übt im Sommerferienprogramm der Gemeinde mit den Kindern ein Singspiel über die Befreiung aus der Sklaverei ein.

1984, als Deborah ihren Abschluss gemacht hat, gehen sie zurück nach Heidelberg, in die Plöck parallel zur Hauptstraße, in die Nähe der Evangelischen Studentengemeinde und der zur Universität gehörenden Peterskirche. Ein unrenovierter Altbau, aber immerhin mit Dusche in der Küche. Die Toilette befindet sich im Treppenhaus und friert im Winter regelmäßig zu. Elf Jahre später, nachdem Heinrich eine Gastdozentur für Sozialethik am Union Theological Seminary in New York absolviert hat, entscheiden sie sich endgültig für Deutschland, und es ist Deborah, von der der Entschluss ausgeht.

Die Sozialethik ist zu Heinrichs Thema geworden. Ihn fasziniert es, eine Befreiungstheologie für demokratische Gesellschaften zu entwickeln. An der Universität Heidelberg lehrt Theodor Sundermeier. 1984 kommt auch Wolfgang Huber aus Marburg. Zu ihm und seiner Frau Kara entwickelt sich eine persönliche Freundschaft, die bis heute hält.

»Das war Aufbruch, das war Weite«, erinnert sich Bedford-Strohm. Erneut findet er die Fragen vor, die schon seine Eltern bewegten und die er aufgenommen hat. Sie werden zu seinem Lebensthema. Wolfgang Huber hat den Begriff »Öffentliche Theologie« geprägt. Heinrich Bedford-Strohm erweitert ihn mit seinen Erfahrungen. Hubers Institut gilt schnell als »Hochburg des deutschen Linksprotestantismus« – so schreibt jedenfalls die konservative *Frankfurter Allgemeine Zeitung*.

Wolfgang Huber beschreibt die Beziehung als eine wechselseitige Annäherung. »Heinrich hatte bei der Sozialethikerin Karen Lebacqz studiert, die wichtige Beiträge zur Gerechtigkeitstheorie geleistet hat. Er kam mit einem Projekt, das er schon im Kopf hatte, das wir weiterentwickelt haben und das sich in seinem Buch über die theologische Theorie der Gerechtigkeit niedergeschlagen hat. Er hat mir sehr geholfen, noch intensivere Zugänge zur amerikanischen Diskussionslage zu bekommen.«

Vom August 1989 bis Weihnachten reist Huber selbst in die USA. Bedford-Strohm hält für ihn die Stellung. »In diesen Monaten«, sagt Wolfgang Huber, »habe ich gemerkt, was für eine enge Freundschaft in dieser Zeit schon gewachsen war. Er hat mir nach Amerika geschrieben und ich habe ihm geantwortet. Da habe ich gemerkt, wie stark wir auch schon wechselseitig am Ergehen der Familien teilgenommen haben. Beides, die wechselseitige

Anregung, dann auch sein Interesse für die südamerikanische Befreiungstheologie, waren Aspekte, die er eingebracht hat. Darin lag der Grund, dass wir zusammen viel entwickelt haben.«

Im Sommer 1989, zum 40-jährigen Bestehen der Bundesrepublik und – was noch niemand ahnt – kurz vor dem Fall der innerdeutschen Grenze, organisieren Bedford-Strohm und Huber ein großes Projekt: Sie machen die Rolle von Protestanten in der Frühzeit des westlichen Deutschland zum Thema. Der große alte Theologe Helmut Gollwitzer kommt aus Berlin, Hildegard Hamm-Brücher, die EKD-Synodale und Grande Dame der FDP, Gerta Scharffenorth, die erste Frau im Rat der EKD, und der Berliner Bischof Kurt Scharf. »Dabei habe ich die Verbindung von Kenntnis, Belesenheit und Kontaktfreude bei Heinrich festgestellt. Das Miteinander an unserer sozialethischen Arbeitsstelle wurde durch ihn gefördert«, berichtet Wolfgang Huber. Wo Heinrich Bedford-Strohm auftaucht, hinterlässt er eine Spur von Freunden.

Im nächsten Sommer, 1990, drängt sich das Thema der deutschen Entwicklung geradezu auf. »Während Geschichte stattfand, haben wir Geschichte sozialethisch reflektiert«, erinnert sich Wolfgang Huber. »Das konnte man wunderbar mit ihm planen und vorbereiten.«

Und 1990 wird das Ehepaar Bedford-Strohm zur Familie. Jonas kommt zur Welt, ihr erster Sohn. Drei Kinder werden ihnen geschenkt: 1994 folgt Lennart und 1995 Nathan. Kara und Wolfgang Huber werden Nathans Paten.

Ebenfalls 1990 steigt Heinrich Bedford-Strohm für ein Projekt in die Heidelberger Lokalpolitik ein. Er übernimmt die Pressearbeit im Wahlkampfbüro von Beate Weber. Sie kandidiert auf der Liste der SPD für das Oberbürgermeisteramt – und gewinnt. Bis 2006 wird sie das Amt innehaben.

1992 promoviert Heinrich bei Wolfgang Huber. Das Thema seiner Arbeit lautet »Vorrang für die Armen. Auf dem Weg zu einer theologischen Theorie der Gerechtigkeit«. John Rawls' Gerechtigkeitstheorie spielt, wie sich schon abgezeichnet hatte, eine Hauptrolle. Rawls fragt, wie eine Gesellschaft in einem gedachten »Urzustand« ihr Zusammenleben organisiert. Und er begründet philosophisch, warum sie sich für ein Konzept entscheiden würde, das sich an den Schwächsten orientiert. Denn dann, so sagt er, wüsste jeder, dass er nicht unterginge, wenn er sich nach dem Ende des »Urzustandes« auf der Seite der Benachteiligten wiederfände.

Das Konzept fasziniert Heinrich. Er gewinnt Wolfgang Huber dafür, sich mit Rawls auseinanderzusetzen. »Die Selbstverständlichkeit, mit der er die noch nicht so alte Gerechtigkeitstheorie von John Rawls in seiner Dissertation präsent gemacht hat, hat mich sehr motiviert, diese Zusammenhänge in meine Rechtsethik einzubeziehen«, sagt Wolfgang Huber.

Der Pfarrer:

Mit Leidenschaft und Offenheit

Nach der Promotion geht Heinrich Bedford-Strohms Weg von 1992 bis 1994 ins Vikariat. Für ihn ist klar: Wohin immer ihn seine Entwicklung führt, in die Kirche, weiter an die Universität – er will Pfarrer werden. Für das Vikariat müsste er eigentlich nach Bayern zurück. Die Regel ist, dass ein angehender Pfarrer diese Zeit in seiner Heimatkirche ableistet. Doch Heinrich Bedford-Strohm kann in der Nähe Heidelbergs bleiben, in Heddesheim. Die bayerische und die badische Landeskirchen verständigen sich darauf, dass er ein Gastvikariat in der badischen Landeskirche macht. Er kommt in die Gemeinde von Konrad Fischer.

Und wie es typisch für ihn ist: Die beiden sind bis heute befreundet. Fischer war leidenschaftlich Gemeindepfarrer und hat daneben auf vielen Feldern in der Theologiegeschichte geforscht. Nach der Zeit in der Gemeinde hat er die Europäische Philipp-Melanchthon-Akademie im Geburtshaus des Reformators im schwäbischen Bretten mit Forschung und mit Publikationen unterstützt. Er zählt zu den deutschen Experten im Blick auf Melanchthon.

Fischer sagt heute, ihm sei schon damals klar geworden, dass sein Vikar für verantwortungsvolle Ämter infrage komme: »Er hat eine entwaffnende Offenheit und große Wärme Menschen gegenüber. Die Gläubigen in unserer eher dörflich strukturierten Gemeinde hat er auf

Augenhöhe angenommen.« Fischer findet Bedford-Strohms Wahl zum Ratsvorsitzenden der Evangelischen Kirche deshalb logisch: »Dieses Amt, bei dem man hohe Integrationskraft und eine Ausstrahlung in Kirche und Öffentlichkeit braucht, ist wie für ihn gemacht.«

Noch aber ist das höchste Amt der deutschen Evangelischen Kirche weit weg. Heinrich Bedford-Strohm beginnt, Gottesdienst zu halten, zu taufen, zu beerdigen und zu trauen, Bibelstunden und Religions- und Konfirmandenunterricht zu halten, Seelsorgegespräche zu führen und Hausbesuche zu machen. Viel Zeit verwendet er für die Vorbereitung der Predigten, die in der evangelischen Kirche das Herzstück des Gottesdienstes sind. Heinrich Bedford-Strohm bewahrt eine Predigt auf, die er zu Beginn der Praxisphase in einem Gottesdienst der Vikare gehalten hat. »Unter die Neugier und den Tatendrang mischt sich vielleicht auch Beklommenheit«, heißt es im Manuskript mit der klaren Handschrift. »Werde ich die ersten Schulstunden in eigener Verantwortung gut über die Runden bringen oder werde ich gehörig auf den Bauch fallen? Was mache ich, wenn ich vor der Klasse stehe und mir die Schüler auf der Nase herumtanzen und alle Disziplinierungsversuche nichts nützen? Wird mir irgendetwas einfallen oder werde ich einfach hilflos dastehen und mich hundeelend fühlen?« Er predigt, sehr evangelisch, über den Losungstext des Tages: Gott hat mich wachsen lassen im Land meines Elends. Der biblische Stammvater Josef sagt diesen Satz in der Erinnerung daran, dass seine Brüder ihn, den Lieblingssohn seines Vaters, in einen leeren Brunnen geworfen und dann als Sklaven verkauft haben. Durch viele glückliche Fügungen blieb er am Leben, machte später Karriere am Hof des ägyptischen Pharao und konnte seine Familie vor dem Hungertod retten.

»Wir wissen alle«, sagt Heinrich Bedford-Strohm, »wie leicht ein solches Wort auf die Ebene eines billigen Trostspruchs abrutschen kann.« Weil man das Leid, das in diesem Satz liegt, nicht versteht oder nicht aushalten kann und deshalb schnell ins Positive flüchten möchte. »Dann ist der Sinn dieses Wortes auf den Kopf gestellt«, sagt er und nimmt dem Satz damit alles vordergründig Harmonische. Für angehende Theologen ist das groß abgebissen. Aber er hat sich der Tageslosung gestellt und sie für seine Situation ausgelegt. Das entspricht evangelischer Tradition. »Das ist ein Satz, der mit uns gehen kann, wenn wir jetzt die Praxisphase beginnen. Wir können die gleiche Erfahrung machen wie Joseph, wenn in unserem Vikariat die Strudel kommen. Deswegen ist dieser Satz ein tröstlicher Satz.«

In den letzten Wochen seines Vikariats erhält Heinrich Bedford-Strohm einen Brief aus Amerika. Das Union Theological Seminary in New York fragt an, ob er 1995 eine Gastprofessur übernehmen würde. An dieser Hochschule hatte Dietrich Bonhoeffer 1930 ein Studienjahr absolviert und in Harlem schwarze Gemeinden kennen gelernt. »Ich habe in den Negerkirchen das Evangelium predigen gehört«, erzählte Bonhoeffer später einmal. Seit dieser Erfahrung zweifelte er daran, dass sein weiteres Leben vor allem am Schreibtisch des Theologen stattfinden solle. In der Bibliothek des New Yorker Seminars –

sie gilt nach der vatikanischen als zweitgrößte theologische Fachbibliothek der Welt – liegen heute noch Manuskripte des deutschen Theologen und Widerstandskämpfers. Heinrich Bedford-Strohm hatte seine Gedanken ja schon beim Vater und bei Wolfgang Huber kennen gelernt. Nun soll er im Rahmen des Bonhoeffer-Austauschprogramms Gastvorlesungen in Sozialethik halten. Ein verlockendes Angebot. Bedford-Strohm beratschlagt sich mit seiner Frau. Die beiden entschließen sich für das Angebot und machen sich mit ihren zwei Söhnen auf den Weg nach New York.

Am Ende der Gastvorlesungen müssen sie länger als geplant bleiben. In New York ist am 28. Dezember ihr dritter Sohn Nathan zur Welt gekommen. Aber er hat keine deutschen Papiere. Die müssen noch besorgt werden. Doch der damalige US-Präsident Bill Clinton streitet sich mit dem Kongress um das Budget. Weil es keinen Haushaltsbeschluss gibt, bleiben die Regierungsbehörden geschlossen. Aber ohne Geburtsurkunde kann der kleine Nathan das Land nicht verlassen. Die Familie sitzt ohne Bleibe auf gepackten Koffern – und muss bei Freunden unterschlüpfen. Erst Ende Januar geht es wieder zurück nach Heidelberg. Die fünf beziehen eine Doppelhaushälfte im Ortsteil Wieblingen, einem früheren Fischerdorf am Neckar. Dort schließt Heinrich Bedford-Strohm 1997 seine Habilitationsschrift – nur so kann er einer Hochschule lehren – ab. Ihr Titel: »Gemeinschaft aus kommunikativer Freiheit – sozialer Zusammenhalt in der modernen Gesellschaft«.

Was bedeutet der Titel? Moderne Gesellschaften, sagen viele Forscher, heben den Einzelnen hervor, haben also weniger Gemeinschaft. Heinrich Bedford-Strohm zeigt in seiner Arbeit dagegen auf, dass sie nicht weniger, sondern eine individuellere und freiheitlichere Gemeinschaft haben. »Kommunikative Freiheit« ist einer der zentralen Gedanken seines Freundes Wolfgang Huber. Die Freiheit birgt Möglichkeiten und Gefahren. Hier setzt Bedford-Strohm den Begriff »Reziprozität« ein, den er oft gebraucht: Der Einzelne sollte seine Interessen mit Solidarität, also das Individuelle mit dem Gemeinschaftlichen verbinden. Dann kommt die Gemeinschaft auch ihm wieder zugute. Das Konzept der kommunikativen Freiheit ist danach die theologische Antwort auf einen Satz, den der Verfassungsrichter Ernst-Wolfgang Böckenförde sagte: »Der freiheitliche, säkularisierte Staat lebt von Voraussetzungen, die er selbst nicht garantieren kann.«

Gemeinschaft ist für Bedford-Strohm ein theologischer Begriff. In der Bibel wird die Beziehung in der Gemeinschaft als Liebe beschrieben. Liebe ist aber nicht bloß Hingabe an den anderen, sondern der Ausgleich, die Reziprozität zwischen Hingabe und eigenen Interessen. Das sieht Bedford-Strohm in der Goldenen Regel abgebildet, die Jesus in der Bergpredigt verkündet hat: »Alles, was ihr wollt, dass euch die Leute tun sollen, das tut ihnen auch.« Er plädiert daher für eine offene, liberale und solidarische Gesellschaft. Erneut greift er Vorstellungen von John Rawls auf, der ebenfalls für Freiheitlichkeit eintritt. Denn Rawls meint ja, das sich Menschen solidarisch organisieren, wenn sie das in Freiheit tun können. Doch es braucht Gemeinschaften, die diesen Gedanken und die Verbindung von Freiheit und Solidarität wachhalten und mit Leben füllen.

Deshalb, so ist Heinrich Bedford-Strohm überzeugt, fällt den Kirchen in einer Gesellschaft die Rolle zu, an diesen Zusammenhang zu erinnern, also Freiheit als kommunikative Freiheit zu interpretieren und sie in der Gesellschaft vorzuleben. Damit werden sie zu einer tragenden Säule der Gesellschaft.

Als Stärke der Habilitationsschrift gilt Bedford-Strohms Fähigkeit, Erkenntnisse aus verschiedenen Wissenschaften zu verbinden: Theologie, Philosophie und Soziologie. In der Arbeit hat er seine Forderung umgesetzt, dass Öffentliche Theologie zweisprachig sein muss, dass sie sich also mit anderen Wissenschaften austauschen und deren Ergebnisse verwenden oder kritisieren kann.

Vor allem amerikanische Kritiker fragen aber auch nach der Denkvoraussetzung: Wenn Kirchen und Religion eine solche tragende Rolle in der Gesellschaft spielen, muss sich der Staat auf seine Kernaufgabe beschränken und ein freundliches, neutral-förderndes Verhältnis zur Religion entwickeln – so wie es das Grundgesetz beschreibt. Und die Kritiker wenden ein, dass manche Kirche mit ihrer tragenden Rolle in der Gesellschaft überfordert sein kann. Das Konzept funktioniere daher nur in Ländern wie Deutschland, mit einem religionsfreundlichen Staat und einer Mehrheitskirche. 1998 wird die Habilitation veröffentlicht.

Bedford-Strohms Habilitationsschrift erscheint als Band 11 in der Buchreihe *Öffentliche Theologie*. Wolfgang Huber gibt die Reihe seit 1993 heraus, seit 2009 zusammen mit Bedford-Strohm. Beide haben das gemeinsame Projekt bis heute durchgehalten. 2015 erscheinen die Bände 31 und 32. Ihr Plan war, zum einen Dissertationen und Habilitationen zu veröffentlichen sowie Bände etablierter Autoren und zum anderen Manuskripte ausländischer Autoren in Deutschland zu präsentieren. Das mit den ausländischen Autoren hat nicht so funktioniert wie ursprünglich erhofft. »Darauf ist der deutsche Buchmarkt nicht vorbereitet«, sagt Wolfgang Huber. So ist es meist bei den Arbeiten geblieben, mit denen sich Forscher qualifizieren oder wichtige Ergebnisse zusammenfassen. Und Wolfgang Huber ist zuversichtlich, dass sein Freund die Reihe auch als Ratsvorsitzender weiter mitbetreut, so wie er selbst es auch getan hat, als er von 2003 bis 2009 an der Spitze der Evangelischen Kirche stand.

Für die Familie Bedford-Strohm heißt die geglückte Habilitation, sich wieder zu entscheiden. Heinrich Bedford-Strohm will den Weg ins Pfarramt gehen, denn er legt Wert auf die Erfahrung des Gemeindelebens. Auch sein Lehrer Wolfgang Huber rät ihm dazu. Der hatte den Rat von seinem Ausbildungsreferenten in der württembergischen Landeskirche bekommen. Vor seiner wissenschaftlichen Karriere war Huber Pfarrer in Reutlingen.

Die Entscheidung bedeutet für die Bedford-Strohms auch: Wegzug aus Heidelberg. Er hat mehrere Möglichkeiten. Darunter Coburg, die Stadt seiner jungen Jahre, oder Füssen im Allgäu. Der Coburger Dekan möchte ihn gern haben. Eine frei finanzierte Stelle ist im Gespräch, je zur Hälfte Pfarramt und Arbeit mit behinderten Menschen. Bedford-Strohm hat keine Angst vor der freien Finanzierung. Er kennt das aus den USA. Die beiden entscheiden sich schließlich für Coburg. Heinrich geht in den Probedienst als Pfarrer zur Anstellung an die Werkstatt für Menschen mit Behinderung beim Diakonischen Werk in Ahorn am südlichen Stadtrand von Coburg. Sie ziehen in den Ahorner Ortsteil Eicha in den Erlenweg.

Der Name passt. Bäume säumen ihren Weg. Daran wird er sich vierzehn Jahre später erinnern. Frisch ins Amt des bayerischen Landesbischofs gewählt, fallen ihm die Orts- und Straßennamen ein und erinnern ihn an den Satz in der Bibel, dass ein guter Baum gute Früchte trägt. »Aus der Erde kommt Nahrung, die über die Wurzeln durch den Stamm in die Äste fließt und den Baum erblühen lässt und reiche Frucht bringt. Das ist die Verheißung, aus der wir leben. Und diese Verheißung sichtbar und erfahrbar zu machen, dafür lasst uns gemeinsam arbeiten.«

Deborah Bedford-Strohm schließt ihre psychotherapeutische Praxis in Heidelberg und muss sie in Coburg neu aufbauen. 14 Jahre werden sie hier bleiben. Das Pfarramt weckt Vertrautes, aber es bringt auch jede Menge neue Erfahrungen und schafft viele Kontakte. Die evangelische Kirche soll relevant für die Gesellschaft sein, so wie sie beide es am Ketschendorfer Hang in Coburg selbst erlebt haben.

In der Hauptsache versteht sich Heinrich Bedford-Strohm als Seelsorger. Die meisten Predigten aus dieser Zeit kreisen um das Leben der Menschen, von der Beziehung zu Gott, von Glauben und Hoffnung und Zweifeln. Bis heute, sagt er, redet er in Predigten vor allem seelsorgerlich.

Daneben stehen neue persönliche Erfahrungen. Gemeinsam mit seiner Frau hatte er schon in Jugendzeiten die Ökumenische Kommunität in Taizé besucht. Das hat seinen Glauben und seine Frömmigkeit mitgeprägt. Jetzt entwickelt sie sich weiter. Taizé hat »die spirituelle Dimension immer deutlicher gemacht«, sagt er darüber. »Zudem waren auch die Erfahrungen im Pfarramt und in der Kirche so, dass die Freude am Glauben immer mehr gewachsen ist.«

1999 erreicht ihn ein Ruf an die Universität Gießen. Er sagt zu, eine Vertretungsprofessur in Systematischer Theologie und Ethik zu übernehmen. Im Jahr darauf folgt sein erstes Engagement auf bundesweiter Ebene. Die Evangelische Kirche in Deutschland beruft ihn in ihre Kammer für soziale Ordnung. Die Evangelische Kirche hat sechs Kammern eingerichtet. Dort ruft sie Theologen und Fachleute aus unterschiedlichen Bereichen zusammen und gibt ihnen Aufträge zur Erarbeitung von Stellungnahmen, Orientierungshilfen und Denkschriften, der verbindlichsten Form ihrer Meinungsäußerung. Bedford-Strohm ist dabei, als die Sozialkammer 2002 eine Stellungnahme für den Rat der Evangelischen Kirche über Selbstbestimmung und Wirtschaftlichkeit im Gesundheitswesen vorbereitet. Im gleichen Jahr folgt ein Papier über Soziale Dienste als Beschäftigungschance. In diesen Fragen sind die Kirchen Experten. Denn sie beschäftigen in Diakonie und Caritas mehr als eine Million Beschäftigte und noch mehr ehrenamtliche Helfer. Deshalb reden sie in jeder Hinsicht mit, wenn es um die Gestaltung des Sozialmarktes geht.

Die Vertretungsprofessur in Gießen dauert bis zum Sommersemester 2001. Bedford-Strohms Vorlesungen behandeln zum einen Themen, die er schon in seiner Dissertation angestimmt hat: »Gemeinschaft in der modernen Gesellschaft«, »Kirche in der modernen Gesellschaft«. Dazu kommen Brennpunkte der Bioethik und das große Thema Friedensethik, das die Heidelberger Jahre durchzog. Zum anderen treten Glaubensthemen hinzu. »Grundfragen des christlichen Glaubens« heißt eine seiner Hauptvorlesungen. Das und die Exkursionen, die er anbietet, beeindrucken die Kollegen und die Studenten. 2001, zum Abschluss, schlagen ihn die Studenten für eine Auszeichnung vor. Zusammen mit vier Kollegen erhält er den Wolfgang-Mittermaier-Preis der Universität für hervorragende Leistungen in der akademischen Lehre.

2001 wird Heinrich Bedford-Strohm Pfarrer zur Anstellung und im Jahr darauf Pfarrer an der Coburger Stadtkirche St. Moriz. Ihr Name wird so geschrieben, weil er auf den Stadtpatron Mauritius zurückgeht, den angeblichen Märtyrer, den Schutzheiligen des Heeres, der Infanterie und der Messer- und Waffenschmiede. In der Stadt, in der er aufgewachsen ist, kann Bedford-Strohm an viele gewachsene Freundschaften anknüpfen. Er trifft Norbert Kastner, seinen Stellvertreter im Arbeitskreis demokratischer Schüler, als Oberbürgermeister von Coburg wieder.

Heinrich Bedford-Strohm führt fort, was er in Ahorn begonnen hat. Er ist weiter mit Leidenschaft Pfarrer und dabei vor allem Seelsorger und Prediger. Am 18. März 2001 predigt Heinrich Bedford-Strohm in der Morizkirche über einen Abschnitt im Kapitel 20 des Buches Jeremia. Da betet der Prophet verzweifelt und mutlos zu Gott: »Du hast mich überredet, und ich habe mich überreden lassen. Aber ich bin darüber zum Spott geworden, und jeder verlacht mich.« Bedford-Strohm bekennt, dass dieser verzweifelte Aufschrei ihn anzieht: »Da spricht jemand über seine tiefsten religiösen Gefühle. Für ihn geht es um alles, wenn er nach Gott fragt.« Denn Jeremia habe Gottes Wort verkündigt, sei dafür in den Kerker gegangen und habe sich von Menschen und von Gott im Stich gelassen gefühlt: »Jeremia ist mit seiner Erfahrung mitten unter uns. Seine Gottverlassenheit kennen wir.« Bedford-Strohm erwähnt den Schmerz, wenn man einen Freund oder Angehörigen verliert. Oder wenn man sich vergeblich für gute Ziele eingesetzt hat und nur Widerstand erntet. Ist der Weg mit Gott vielleicht ein Holzweg?

Statt direkt zu antworten, zeigt Bedford-Strohm Alternativen zu dem Weg Jeremias: zum Beispiel den Weg eines aufgeklärten Humanisten. Der engagiere sich für das Gute, aber lasse Gott außen vor. Oder den Weg eines stillen Genießers. Der freue sich an seinem privaten Glück und setze sich für niemand ein. Oder den des skeptischen Beobachters. Der meine: »Ohne Weltanschauung und Religion gäbe es wahrscheinlich mehr Zufriedenheit in der Welt. Humanismus, Genuss oder Skepsis als bessere Wege? Nein, sagt Bedford-Strohm und erklärt: Der Humanismus verliere seine Kraft, wenn es Rückschläge hagelt. Der Genuss werde langweilig, oder er ende, wenn man Leid verkraften muss. Und die Skepsis könne in Zynismus, in Bitterkeit umschlagen. »Dann schaue ich auf den Weg Gottes: Wie er das Schreien seines Volkes hört und es aus der Sklaverei in Ägypten befreit. Ich schaue auf Jesus, wie er das Reich Gottes verkündet und es mit seinem eigenen

Leben wahr werden lässt: Wie er Blinde sehen lässt, wie er für die Schwachen eintritt, wie er Selbstgerechtigkeit und religiöse Heuchelei entlarvt und der Angst ihre Macht nimmt, wie er sogar den Tod überwindet. Ich schaue auf Gott und alles das, was er tut, und ich kann verstehen, dass Jeremia in aller Anfechtung von Gott nicht lassen kann.« Am Ende nämlich sagt Jeremia, dass er trotz allem bei Gott bleiben will, weil er seiner Stärke vertraut.

»Das unterscheidet den Weg mit Gott von allen anderen«, beendet Bedford-Strohm seine Predigt: »dass ich wieder herausgeholt werde aus der Tiefe. Deine Verzweiflung über den Tod eines lieben Menschen wird neuer Zuversicht weichen. Deine Krankheit wird ihre lähmende Macht über dich verlieren, weil Gott dir Kraft gibt, sie anzunehmen und damit umzugehen. Deine Leidenschaft für eine gerechte Welt ist nicht vergebens. Gott richtet dich auf und er öffnet dir die Augen für die Zeichen der Hoffnung.«

Im Jahr darauf nutzt er die Eröffnung eines Brunnens vor der Morizkirche in seiner Predigt für eine Besinnung über Brunnengeschichten in der Bibel. In den Wochen zuvor war in Coburg von einer Brunnenweihe die Rede – eine sehr katholische Vorstellung. Protestanten weihen keine Dinge. »Doch mir beginnt der Ausdruck zu gefallen«, sagt Bedford-Strohm seinen Hörern. »Nicht im Sinne eines Rituals. Brunnenweihe heißt für mich heute, dass wir diesen Brunnen einfügen in die Geschichte, die Gott mit uns Menschen schreibt.« Brunnen, sagt er anhand von Beispielen aus der Bibel, sind Treffpunkte für Liebende, sie geben den Durstigen zu trinken. Mitunter werden Menschen in Brunnen geworfen und Gott rettet sie am Ende doch. Und sie weisen auf Jesus hin, die Quelle des Lebens, die den Durst nach Ewigkeit stillt. »Lassen Sie uns diesen neuen Brunnen an der Morizkirche als täglichen Botschafter dieser großen Verheißung sehen.« Er selbst gesteht, dass ihm die Gestaltung des Brunnens gefällt. Sie ist in der Stadt umstritten. Doch vom Pfarrhaus aus kann könne er beobachten, wie Leute sich auf den Bänken rund um das Becken ausruhen und ins Gespräch kommen.

Eine Sitzung des Pfarrkapitels, also aller seiner Kollegen und der wachsenden Zahl von Kolleginnen, organisiert Heinrich Bedford-Strohm im Gemeindezentrum am Ketschendorfer Hang, das sein Vater erbaut hat. Da wird ihm neu bewusst, wie tief ihn die Erfahrung der frühen Jahre beeinflusst hat. Wie sich sein Vater für seine Stadt engagierte. »Auf dem Treffen hat er aus den Gründungsdokumenten des Zentrums vorgelesen«, berichtet Albert Strohm.

2001 beruft der Weltkirchenrat Bedford-Strohm in seine internationale Arbeitsgruppe für Bioethik. Als Pfarrer hatte er ein Buch über die Schöpfung geschrieben und gefordert, dass sich die Kirche stärker mit Bioethik befasst. Der Weltkirchenrat ist das Dach über knapp 450 anglikanische, evangelische und orthodoxe Kirchen und über mehr als eine halbe Milliarde Christen auf der ganzen Welt. Die etwa doppelt so große katholische Kirche ist kein Mitglied, pflegt aber gute Beziehungen zum Genfer Zentrum der weltweiten Ökumene. In den Jahren nach seiner Gründung hat der Weltkirchenrat die Hilfe im Nachkriegsdeutschland organisiert und den deutschen Kirchen den Weg zurück in die weltweite Christenheit geebnet. In den Achtzigerjahren spielte er eine Schlüsselrolle im Unabhängigkeitskampf im südlichen Afrika. Nach dem Fall des Eisernen Vorhangs stürzte der Rat jedoch in eine Orientierungskrise.

Mitunter ist das Engagement des Weltkirchenrates kaum sichtbar oder darf es gar nicht werden. Zum Beispiel in Kambodscha, einem der ärmsten Länder der Welt. Nach dem Vietnamkrieg war die vietnamesische Armee in das Land einmarschiert und hatte den Diktator Pol Pot gestürzt, der alle Städte entvölkert und einen brutalen Steinzeit-Kommunismus mit hunderttausenden Opfern durchgesetzt hatte. Die Vereinten Nationen hatten den Einmarsch verurteilt, mit der Folge, dass das Land keine Entwicklungshilfe bekommen durfte und völlig verarmte. Nur ab und zu sah man Leute in weißen Geländefahrzeugen mit einem Schiff auf der Tür, dem Logo des Weltkirchenrates, im Land ein paar Güter verteilen. Die Kirchen waren die Einzigen, denen sowohl die Vereinten Nationen als auch das atheistische Regime in Vietnam vertrauten. Aber das durfte nicht bekannt werden.

Bis heute hat der Weltkirchenrat selbst mit wirtschaftlichen Problemen zu kämpfen. Die Kirchen in Deutschland und den USA finanzierten lange Zeit den Löwenanteil der Arbeit. Aus Deutschland kam über Jahre mehr als ein Drittel des Haushaltes – eine Abhängigkeit, die die EKD beenden will. Doch in vielen Regionen in Asien, die zu den Gewinnern der Globalisierung gehören, sind die Mitgliedskirchen klein. Manche dürfen, wie in China, kaum Geld über die Grenze bringen. Oder sie sind es nicht gewohnt, Beiträge zu leisten, etwa die orthodoxen Kirchen. In der Bioethik-Arbeitsgruppe kämpft Heinrich Bedford-Strohm dafür, dass Theologen mit denen zusammenkommen, die über die Forschung und die Wirtschaft in der globalen Welt entscheiden. Das ist bei den Repräsentanten von Minderheitskirchen manchmal gar nicht einfach.

Der Professor:
Südafrika, Ruanda und Oberfranken

Im März 2004 verabschiedet sich Heinrich Bedford-Strohm aus der Morizkirche in Coburg. Zum 1. April hat ihn die Otto-Friedrich-Universität im 40 Kilometer entfernten Bamberg auf den Lehrstuhl für Systematische Theologie und Theologische Gegenwartsfragen berufen. Die Uni hat heute 13 000 Studenten und 150 Professoren und gehört zu den mittelgroßen Hochschulen in Deutschland. Zweimal wird er gefragt, ob er nicht ins renommierte Heidelberg zurückkommen will. Wolfgang Hubers Lehrstuhl ist neu zu besetzen. Doch er entscheidet sich gegen eine Bewerbung und bleibt in Bamberg, in einer eher kleinen Fakultät, die ihm aber viele Möglichkeiten öffnet. Oder soll man sagen: In der er sich viele Möglichkeiten erschließt?

Zur Antrittsvorlesung kommen die gesamte Familie, seine Eltern, eine ganze Reihe von Gemeindemitgliedern aus Coburg, Kollegen aus Bamberg und Erlangen, der nächstgelegenen theologischen Fakultät – und Kara und Wolfgang Huber, der fünf Monate zuvor zum Ratsvorsitzenden der Evangelischen Kirche gewählt worden war.

Erneut intoniert Heinrich Bedford-Strohm seine Lehrtätigkeit mit den Themen, die er schon in seiner Promotion und in der Habilitation aufgenommen hat. Er fragt: Sind Theologie und Kirche noch wichtig für den Staat? Seine Antwort: Eine moderne Demokratie ist sogar auf Theologie und Religion angewiesen, wenn sie sich selbst treu bleiben, aber auch zeitgemäß weiterentwickeln will. Er nimmt Gedanken des international renommierten Philosophen und Soziologen Jürgen Habermas auf. Dessen Lebensarbeit galt, wie er einmal sagte, »der Versöhnung der mit sich selbst zerfallenden Moderne.« In den letzten Jahren hat Habermas, anders als früher, immer stärker die Bedeutung der Religion in der Gesellschaft betont, denn Religion stifte Zusammenhalt zwischen Menschen. Politische Bildung erreiche dagegen kaum die Herzen. »Religionen erhalten modernen Gesellschaften das über viele Jahrhunderte ausbuchstabierte Wissen um die Abgründe und die Zerbrechlichkeit unserer Existenz« – so fasst Bedford-Strohm im *Spiegel* Habermas' Denken zusammen. Und die Religionen geben die Kraft, mit diesem Wissen konstruktiv umzugehen.

Das greift Heinrich Bedford-Strohm auch in seiner Antrittsvorlesung auf. Das Christentum, sagt er, hat starke Impulse gegeben zur Abschaffung der Sklaverei und zur Durchsetzung der Menschenrechte. Religion kann eine Erneuerungsquelle für Demokratie sein. Aber wenn die Religion ihre Kraft in der Gesellschaft entfalten will, muss der Staat einen Rahmen dafür schaffen. Zum Beispiel an der Universität. Der Staat darf nicht nur Fächer wie die Wirtschaft fördern, die die Menschen fit machen für den Menschen, sondern auch Disziplinen wie die Theologie, die das kulturelle Gedächtnis wachhalten und erneuern.

Während Bedford-Strohm in Bamberg seine ersten Schritte als Professor geht, baut er in Ahorn ein Haus. Die Familie zieht vom Erlenweg in die Hainspitze am östlichen Ortsrand, eine ruhige Sackgasse, umgeben von Feldern und Wäldern. Die Autofahrt nach Bamberg nutzt Bedford-Strohm zum Telefonieren mit den Eltern. Oder mit Journalisten.

Zu den Studenten pflegt der neue Professor ein vertrautes, freundliches und nahes Verhältnis. Er will sie für die Gedanken begeistern, die auch ihn faszinieren. Später, als er immer bekannter wird, kommen Journalisten die Uni besuchen. Sie vermerken erstaunt, dass ein Student, der mit seiner Freundin auf ihn wartet, ihm an der Tür zum Vorlesungssaal Gummibärchen anbietet.

2006 bricht ein entscheidendes Jahr an. Schon im Februar des Jahres macht er sich auf den Weg in die Millionenstadt Porto Alegre im Süden Brasiliens. Dort treffen sich dreitausend Delegierte aus Kirchen der ganzen Welt zur alle sieben Jahre stattfindenden Vollversammlung des Weltkirchenrates. Auch dort wird er zu einem Impulsgeber für die weitere Arbeit. Auf der Vollversammlung in Porto Alegre geht es auch um einen Konflikt zwischen den Kirchen in Entwicklungsländern und in den Industriestaaten. Der interessiert ihn, weil der Streit auch Wirtschaft und Wirtschaftsethik betrifft. Christen der südlichen Erdhalbkugel schauen meist kritisch auf die globalisierte Ökonomie. Die Länder, aus denen viele kommen, etwa in Afrika und Südamerika, gehören eher zu den Verlierern der Globalisierung. In Asien, wo die Entwicklung einer Reihe von Ländern Wachstum und Wohlstand gebracht hat, leben nicht so viele evangelische Christen. Diese Region ist daher beim Ökumenischen Rat weniger stark vertreten.

Die Kirchenführer aus den Industriestaaten kritisieren Fehlentwicklungen, aber sie stellen das System nicht infrage. Die Konferenz sucht nach Maßstäben für eine gemeinsame Grundlage.

Über den Weltkirchenrat war Heinrich Bedford-Strohm 2004 zum ersten Mal nach Afrika gekommen, zu einer Konferenz in Ruandas Hauptstadt Kigali. Der Besuch sollte sein Leben verändern und sein Engagement noch einmal erweitern. Zehn Jahre zuvor war das Land Schauplatz eines Völkermordes gewesen. Geradezu vor den Augen der Weltöffentlichkeit brachten Angehörige des Hutu-Volks in 100 Tagen zwischen April und Juni drei Viertel der Minderheit der Tutsi um. Wie viele Menschen starben, ist bis heute ungewiss. Die meisten Schätzungen bewegen sich zwischen 800 000 und einer Million.

Wie nicht anders zu erwarten, knüpft er auf dem Treffen Freundschaften. Zwei Jahre später bittet ihn eine Freundin aus Ruanda um Unterstützung: Im Dorf Byumba hat der presbyterianische Pfarrer Claude Mutabazi ein Projekt mit Namen » Wikwiheba« ins Leben gerufen, »Verlier nie die Hoffnung«. Es muss dieses Motto gewesen sein, dass bei dem Professor aus Deutschland zündete. Seither unterstützt er das Projekt. Und kommt regelmäßig wieder.

Die Gemeinde in Byumba unterstützt Wasienkinder beim Schulbesuch. Sie hilft ihnen mit Schulgeld und organisiert für sie ein warmes Essen. Für die Waisen sucht sie Pflegeeltern. Anfangs betreute die Gemeinde 20 Kinder. 2012 schaute Bedford-Strohm, inzwischen bayerischer Landesbischof, wieder in Byumba vorbei. Da flossen schon viel mehr Spenden. »*Wikwiheba*« half inzwischen 82 Kindern. »Der Dank, der mir hier entgegengebracht wird, beschämt mich fast«, sagt der Bischof in einem *Youtube*-Video, das vor der neu gebauten Küche des Projekts aufgenommen wird. Vor ihm glimmen armdicke Holzscheite in den offenen Herden. »Es ist so wenig, was wir tun, und die Wirkung ist so groß. Das macht mich einfach nur glücklich.« Was er sieht, scheint ihn fast zu Tränen zu rühren. Das Video steht auch auf seiner *Facebook*-Seite. Der Schluss zeigt ihn ausgelassen beim rhythmischen Tanz mit den Kindern.

»Mit den entsprechenden finanziellen Ressourcen wäre noch viel mehr möglich«, steht auch auf der Internetseite »*wikwiheba.org*«. Die Seite ist ein Teil seines persönlichen Engagements, unabhängig von allen Ämtern. Sie verweist auf eine *Facebook*-Präsenz des Projekts. Auf *Facebook* findet sich am 21. Februar 2015 der Eintrag: »Vor genau 10 Tagen wurde unser Film über *Wikwiheba* auf dem Flimmern & Rauschen-Jugendfilmfestival in München gezeigt. Lenny durfte den Film präsentieren und hat ein paar Fragen dazu beantwortet.« Lenny, das ist Lennart Bedford-Strohm. *Facebook* führt auch zu einem 20-Minuten-Video. Darin stellt Lennart Bedford-Strohm das Projekt ausführlicher vor. Wer nach den Verantwortlichen für die Internetseite sucht, stößt auf den Namen Jonas Bedford-Strohm. Gemeinsam mit dem Vater und der Mutter organisieren seine Söhne das Engagement in Ruanda.

Im Februar 2014 steht sein nächster Besuch in Ruanda an. Nach zehn Jahren hat sich viel entwickelt. Heinrich Bedford-Strohm berichtet auch darüber auf *Facebook*.

Der Eintrag lässt ahnen, wie viele Beziehungen er in diesen Jahren geknüpft und gepflegt hat: »Inzwischen bin ich in Ruanda angekommen, wo ich an der ersten internationalen Bonhoeffer-Konferenz in diesem Land teilnehme und einen Vortrag zum Thema ›Bonhoeffer und Gerechtigkeit‹ halten werde.« Am Ende der Konferenz, an der auch Studierende aus Deutschland und eine Delegation der westfälischen Landeskirche teilnehmen, soll analog zu seiner Bamberger Dietrich-Bonhoeffer-Forschungsstelle für Öffentliche Theologie ein »Bonhoeffer-Forschungszentrum« in der Hauptstadt Kigali aus der Taufe gehoben werden. »Es fasziniert mich immer wieder,« schreibt Bedford-Strohm, »wie die Ideen Dietrich Bonhoeffers nicht nur über die Zeiten hinweg, sondern auch jenseits der kulturellen und nationalen Kontexte ihre Relevanz erweisen. Vor einigen Jahren habe ich an der Theologischen Fakultät von Butare/Ruanda einen Vortrag über Dietrich Bonhoeffer und die Öffentliche Theologie gehalten. Dass man sich jetzt in diesem Land, das ich so liebe und in dem ich viele Freunde habe, so intensiv mit Bonhoeffer auseinandersetzt, freut mich riesig.«

Doch zurück ins Jahr 2006, in den Juli. Da veröffentlicht die Evangelische Kirche in Deutschland eine Denkschrift zur Frage der Armut. Heinrich Bedford-Strohm hat sie mitverfasst und viele Impulse gegeben. »Gerechte Teilhabe – Befähigung zur Eigenverantwortung und Solidarität« lautet ihr Titel. Die »Armutsdenkschrift« fordert mehr Bildungsangebote für Kinder, Unterstützung für Eltern, soziale Sicherungen im Niedriglohnbereich und staatlich geförderte Arbeitsplätze. In einem wohlhabenden Land wie Deutschland Armut hinzunehmen, das bedeute ein »gesellschaftliches und individuelles Versagen vor Gottes Geboten«, stellen die Autoren klar.

Der Text der Evangelischen Kirche stößt auf eine breite Zustimmung. Die Bundesvereinigung der deutschen Arbeitgeberverbände begrüßt ihn. Weil er nichts vereinfacht und ohne pauschale Vorwürfe an Arbeitgeber, Gesellschaft oder Politik auskommt. Und weil er das Heil nicht in einer Abschottung von Märkten sucht. Auch die Arbeitgeber sehen ein Kernproblem in der Chancengerechtigkeit bei der Bildung. Das 90-Seiten-Dokument sei eine »wohltuend unaufgeregte, nüchterne Analyse eines ansonsten oftmals sehr emotional diskutierten Themas.« Zustimmung kommt auch von der Linkspartei, und zwar von Bodo Ramelow, dem heutigen Ministerpräsidenten in Thüringen. Damals war der Protestant Ramelow religionspolitischer Sprecher seiner Partei. Im evangelikalen Informationsdienst *idea* würdigt er die Denkschrift als »gewichtigen Denkanstoß, damit das Thema Armut aus der Tabuzone herauskommt.«

Nach der Vollversammlung des Weltkirchenrates und der Vorstellung der Armutsdenkschrift folgt im Juli ein weiterer Besuch. Es geht nach Südafrika. Die Universität Stellenbosch in der Kapregion hat für zwei Wochen eingeladen. Bedford-Strohm wird im Land am Kap seine dritte Heimat finden, gedanklich und praktisch.

Ihre Studenten prägen das Bild der 70.000-Einwohner-Stadt Stellenbosch mit ihrem Zentrum im Kolonialstil. Die Universität gehört zu den führenden des Landes. Neben ihr bestimmen die Weinberge an den umliegenden Hängen die Eindrücke und die malerisch schöne Umgebung inmitten von Bergen, zwischen denen der Eersterivier – der so genannt wurde, weil die holländischen Siedler ihn als ersten entdeckten – dem Indischen Ozean zustrebt. Und es wird selten kälter als zehn Grad. Die Stadt ist noch gekennzeichnet von der Apartheid, der Rassentrennung. Sie hat der Stadt wirtschaftlich schwer geschadet, denn in Europa wurden Boykotte gegen südafrikanische Waren organisiert. 1992 wurde die Rassentrennung aufgehoben. Doch bis heute wohnen 25.000 schwarze Bewohner in den ärmlichen Hütten der Vorstadt Kayamandi.

Schon als Assistent bei Wolfgang Huber hatte Heinrich-Bedford-Strohm Partner aus Südafrika kennengelernt. Huber war 1986 zum ersten Mal in Stellenbosch, noch zur Zeit der Rassentrennung, mit einer Vorlesung über Menschenrechte. Er hatte Professoren und Studenten zum Gegenbesuch eingeladen, und Bedford-Strohm war in das Netzwerk eingestiegen. Später wird er in Stellenbosch außerplanmäßiger Professor werden.

Jetzt, bei seinem ersten Besuch, hält er die »David-de-Villiers-Memorial-Lectures«. Mit den Vorlesungen in Stellenbosch und Pretoria ist jeweils ein Kolloquium verbunden, ein Gespräch, in dem Theologen und Kirchenführer auf seine Thesen antworten. Gemeinsam fragen sie nach dem Thema, das sie schon bei der Vollversammlung des Weltkirchenrates in Porto Alegre im Februar beschäftigt hat: Wie hat sich die Globalisierung auf die südafrikanische Theologie und Kirche ausgewirkt? Und wie können die Kirchen und die theologischen Fakultäten darauf eingehen?

Auch hier spricht Bedford-Strohm über die Rolle der Religion in demokratischen Gesellschaften. In einem weiteren Vortrag untersucht er die wirtschaftliche Seite der Globalisierung. Dann fliegt er weiter, 700 Kilometer entlang der traumhaften Garden Route am Indischen Ozean, angeblich eine der schönsten Küstenlandschaften der Welt, nach Port Elizabeth, zu einem weiteren Vortrag. Schon im Folgejahr wird er das Land zum zweiten Mal besuchen. Unter dem Dach des Weltkirchenrates organisiert er eine Konferenz über Biotechnologie in Johannesburg.

Im Oktober 2007 folgt eine Reise nach New York. Das Union Theological Seminary hat ihn nach zwölf Jahren wieder eingeladen, die »Bonhoeffer-Vorlesungen« zu halten. Das Thema lautet »Armut beenden«. Bedford-Strohm kann auf sein Engagement bei der Armutsdenkschrift der Evangelischen Kirche zurückgreifen. Als zweite Deutsche ist die Pfarrerin Cornelia Füllkrug-Weitzel zu der Konferenz gereist, die Leiterin des Hilfswerks »Brot für die Welt«. In diesen Jahren wächst die Liste von Bedford-Strohms internationalen Vorträgen auf der Internetseite der Bamberger Universität auf beachtlichen Umfang.

Wie schafft man dieses Engagement über Kontinente hinweg, ohne sich zu verzetteln? »Ach, so flexibel zu sein, das ist eine sehr reiche und spannende Sache«, sagt seine Frau Deborah. »Aber man braucht eine starke innere Achse.«

Im Januar 2008 gründet Heinrich Bedford-Strohm an seinem Lehrstuhl die Dietrich-Bonhoeffer-Forschungsstelle für Öffentliche Theologie. Noch stärker als bisher will er seine Forschung und Lehre unter diesem Thema konzentrieren. Kirche brauche Öffentliche Theologie, erklärt er zur Gründung, weil sie die Gesellschaft mitgestalten soll. Dabei gehe die Kirche immer von dem Glauben aus, den sie in der Welt vertreten solle. Der Glaube dürfe nicht in seinen politischen Konsequenzen aufgehen. Aber er müsse so formuliert werden, dass seine Überzeugungen auch außerhalb von Theologie und Kirche verstanden würden. Dann könne die Kirche der Gesellschaft Orientierungen anbieten – und die Gesellschaft könne einsehen, dass sie die Kirche braucht und dass sie der Kirche nicht bloß aus Tradition Freiräume gewähren muss.

Die Berufung auf Dietrich Bonhoeffer erklärt Bedford-Strohm so: »Dahinter darf eine programmatische Absicht vermutet werden. Nach wie vor gibt Bonhoeffers Theologie und Ethik wegweisende Impulse für heute.« Dietrich Bonhoeffer hat im Dritten Reich schon früh die Diskriminierung von Juden kritisiert, früher als die meisten Kirchenführer. Und er hat in den Dreißigerjahren, als sich die Wolken einer Kriegsstimmung zusammenzogen, die Vision eines Friedenskonzils der Kirchen entworfen, weil er meinte, nur die vereinte Anstrengung aller Kirchen könne die wachsende Feindschaft zwischen den Ländern Europas und der Welt noch aufhalten.

Erneut ist sein Freund Wolfgang Huber gekommen, der Ratsvorsitzende der EKD. Zur Eröffnung der Forschungsstelle hält er den Hauptvortrag über das Thema »Ökumene der Profile«. Das spielt auf die Großwetterlage zwischen den Kirchen an. Seit drei Jahren amtiert in Rom der deutsche Papst Benedikt XVI. Unter seiner Führung ist sichtbar geworden, dass die Kirchen nach einer langen

Zeit der Annäherung jetzt stärker nach dem eigenen Profil suchen. 2005 war die evangelische Kirche aus der gemeinsamen Arbeit an der Einheitsübersetzung der Bibel ausgestiegen. Denn zuvor hatte Rom verfügt, dass liturgische Texte zur Genehmigung vorgelegt werden müssen, wenn sie aktualisiert werden. Das konnte die evangelische Kirche nicht akzeptieren.

Jetzt, im Jahr 2008, betont Wolfgang Huber zuerst, wie viel Gemeinsamkeit zwischen den Kirchen in den letzten Generationen gewachsen sei. Stellen Differenzen zwischen den Kirchen das infrage? Huber plädiert dafür, dass jede Kirche zunächst ihre Überzeugungen ausdrückt und vertritt. Dann verweist er auf die evangelische Vorstellung, dass die Einheit erreicht sei, wenn Kirchen im Verständnis des Evangeliums und in der Verwaltung der Sakramente übereinstimmen. So sagt es schon das Augsburger Bekenntnis von 1530, das grundlegende Dokument der lutherischen Kirchen: »Es wird auch gelehrt, dass allezeit eine heilige, christliche Kirche sein und bleiben muss, die die Versammlung aller Gläubigen ist, bei denen das Evangelium rein gepredigt und die heiligen Sakramente laut dem Evangelium gereicht werden. Denn das genügt zur wahren Einheit der christlichen Kirche, dass das Evangelium einträchtig im reinen Verständnis gepredigt und die Sakramente dem göttlichen Wort gemäß gereicht werden. Und es ist nicht zur wahren Einheit der christlichen Kirche nötig, dass überall die gleichen, von den Menschen eingesetzten Zeremonien eingehalten werden, wie Paulus sagt: ›Ein Leib und ein Geist, wie ihr berufen seid zu einer Hoffnung eurer Berufung;

ein Herr, ein Glaube, eine Taufe‹ (Epheser 4,4.5).« So steht es im siebten Artikel unter der Überschrift »Von der Kirche«. Huber verweist auf dieses Bekenntnis und auf eine Einheit, die die Verschiedenheiten nicht unterdrücke, sondern würdige. In dieser Verschiedenheit könnten die Kirchen zu einem Vorbild des Zusammenlebens in der Vielfalt werden, die der Freiheit diene. Damit könnten sie gemeinsam, trotz aller Unterschiede, Öffentliche Theologie in der Gesellschaft vertreten.

Vielfalt und Verständigung – das gilt auch für das Verhältnis der Religionen. Wenig später spricht Heinrich Bedford-Strohm auf einem interreligiösen Treffen darüber, wie Religionen die Menschenrechte stärken können. Dabei trifft er auf den buddhistischen Lama Gendim Gyatso und den Imam Süleyman Tenger aus Bayreuth. Und, fast schon überflüssig zu sagen, er knüpft gute Kontakte zur katholischen Kirche. In Bamberg residiert der katholische Erzbischof Ludwig Schick. Schicks große Liebe ist die südliche Erdhalbkugel. Er reist oft in Entwicklungsländer und organisiert Hilfe. Seit 2006 leitet er die Kommission Weltkirche der katholischen Deutschen Bischofskonferenz. Damit ist er auch der Ansprechpartner für alle katholischen Hilfswerke. Vor seiner Bischofszeit hatte Schick den Lehrstuhl inne für katholisches Kirchenrecht in Marburg. Er und der evangelische Professor haben viel Gesprächsstoff und bekommen einen guten Draht zueinander. Der verstärkt sich noch, als Bedford-Strohm in die Ökumenekommission der lutherischen Kirchen in Deutschland berufen wird.

2008 veröffentlicht die Evangelische Kirche eine weitere Denkschrift, an der Bedford-Strohm mitformuliert hat. Die Zeitungen sagen, die Kirchen habe mit dem Kapital ihren Frieden gemacht. In dieser Zeit ist viel von »Heuschrecken« die Rede, Unternehmen, die andere kaufen, dann ausschlachten, den Gewinn mitnehmen und die gekaufte Firma in den Konkurs treiben lassen. Die Politik versucht, ihnen mit Gesetzen beizukommen. Da fällt es auf, dass die Evangelische Kirche ein grundsätzliches Ja zur Freiheit des Unternehmers, zur Marktwirtschaft und zum Wettbewerb sagt. »Die Heuschrecke als Gottesanbeterin«, titelt die *Frankfurter Allgemeine Zeitung*. Die Denkschrift plädiert für das Ideal des ehrbaren Kaufmanns. Er investiert mit seinem Engagement nicht nur in sein Unternehmen, sondern auch in die Gesellschaft. Aber die Kirche plädiert auch für Mitbestimmung und eine besondere Verantwortung des Unternehmers für die Arbeitsplätze. Auch dieser Text bekommt Zustimmung, von Unternehmen wie auch von Gewerkschaften.

Bedford-Strohm ist bei Dietrich Bonhoeffer zuhause, aber auch bei Martin Luther. Der hat sich über Managergehälter beschwert. Der Reichtum der Herren Fugger in Augsburg war ihm höchst verdächtig: »Wie sollt das immer mögen göttlich und recht zugehen, dass ein Mann in so kurzer Zeit so reich werde, dass er Könige und Kaiser aufkaufen möchte? Aber weil sie es dahingebracht haben, dass alle Welt in Gefahr und Verlust muss handeln, heuer gewinnen, über ein Jahr verlieren, aber sie immer und ewiglich gewinnen und ihre Verluste mit ersteigertem Gewinn büßen können: ist's nicht wunder, dass sie bald aller Welt Gut zu sich reißen?«

Heinrich Bedford-Strohm zitiert diese Passagen gern. Allerdings macht die

Denkschrift von 2008 auch deutlich, dass das Etikett »links« nicht mehr passt. Wer in ihm immer noch einen Sozialisten vermutet, der auf staatliche Lenkung der Wirtschaft setzt, liegt falsch. »Ich habe ausgesprochen gute Erfahrungen im Gespräch mit Verantwortlichen in der Wirtschaft gemacht«, sagt er später als Bischof. Und berichtet von Gesprächen mit Unternehmern, zum Beispiel im Münchner Herrenclub oder beim Bundesverband der Banken. Auch da hat er seine Theologie vertreten und zum Beispiel für eine internationale Regulierung der Kapitalmärkte geworben. »Da war eine riesige Offenheit, eine Zugewandtheit«, erinnert er sich. »Ich bin nicht gegen Unternehmer. Ich sehe sie als Bündnispartner«, macht er deutlich. Er könne sich über Einladungen nicht beschweren. »Unternehmer wissen es zu würdigen, wenn das Gespräch auf wechselseitigem Respekt beruht.«

Von 2006 bis 2009 ist Heinrich Bedford-Strohm auch Dekan, also Leiter der Fakultät Humanwissenschaften in Bamberg. Dabei macht er eine Entdeckung, die später auch für das Bischofsamt Früchte trägt: Er muss mehr Führungsverantwortung übernehmen. Kommt da die Freundlichkeit an Grenzen, die zu seinem Markenzeichen geworden ist? Er sucht nach Führungskonzepten – und findet das, das er aus dem Bauch heraus anwendet. »Der Führungsstil, den ich empfehle und auch selbst zu pflegen versuche, nennt sich in der Fachliteratur ›transformativer Führungsstil‹. Als Dekan der Fakultät Humanwissenschaften habe ich Psychologie-Disputationen geleitet. In einer davon hat einmal eine Teilnehmerin über Führung promoviert. Da habe ich den Begriff ›transformativer Führungsstil‹ entdeckt – und mich wiedergefunden. So ist die Art der Führung, die ich auch für kirchengemäß halte.«

Lange hieß es, eine Führungskraft müsse sich durchsetzen und andere notfalls zusammenfalten können. Das hat bei Heinrich Bedford-Strohm noch niemand gesehen. Trotzdem sind alle überzeugt, dass er sich durchsetzen kann. Transformative Führung, sagt er, arbeitet nicht zuerst durch Vorschriften und Druck. »Das kann ergänzend auch einmal nötig sein, aber es ist nicht die Regel. Erst muss ich Menschen innerlich überzeugen und mitnehmen. Das geht nicht nur charismatisch, also aus der Person heraus. Dann würde Führung zu sehr an der Person des Verantwortlichen hängen. Sie muss über die Überzeugungskraft der Inhalte funktionieren.« So, fügt er später hinzu, will er als Bischof auch mit Pfarrern umgehen: »Ich möchte Motivation nicht auf Leistungsmaßstäbe stützen, die sie erfüllen müssen, um gute Pfarrer zu sein. Oft genug führt das nur zur Demotivation. Vielmehr möchte ich so reden, dass sie am Ende sagen: ›Ja, das will ich tun, das ist super, da mache ich mit.‹«

Im Oktober 2009 hat Heinrich Bedford-Strohm ein Forschungssemester. Für vier Monate reist er wieder nach Stellenbosch – mit seiner Frau Deborah und zwei Söhnen. Die beiden gehen am Kap in die Schule. Mit einem Vortrag über Modelle einer Wirtschaftsethik nach christlichen Maßstäben eröffnet er das Studienjahr in Stellenbosch. Zum ersten Mal ist er zusammen mit Wolfgang Huber im Land. Hubers Amtszeit als Ratsvorsitzender der EKD ist im November 2009 ausgelaufen. Bevor er sich in Deutschland neuen Aufgaben zuwendet, will er hier eine mehrmonatige Studienzeit verbringen.

Im Juni 2010 beginnt Heinrich Bedford-Strohm an der Universität Bamberg eine Vorlesungsreihe zum Thema »Gerechter Krieg – gerechter Friede« am Beispiel des Krieges in Afghanistan. Im Norden, in Berlin und Köln, tagt der Wissenschaftsrat, das Beratungsgremium der Politik, und bestätigt seine Ansicht, dass die Theologie als Orientierungswissenschaft ihren Platz an den Universitäten behalten muss. Im Oktober sollen an fünf Universitäten Islam-Abteilungen gegründet werden. Aber der Wissenschaftsrat stellt sich auch hinter die bestehenden evangelischen und katholischen Fakultäten.

Im Herbst 2010 bekommt Bedford-Strohm einen Anruf. Er weiß sofort, dass dieses Gespräch sein Leben wieder verändern kann. Dorothea Deneke-Stoll, die Präsidentin der Landessynode, fragt ihn, ob er bereit sei, für das Bischofsamt zu kandidieren. Die Amtszeit des Landesbischofs Johannes Friedrich geht 2011 zu Ende. Friedrich ist 62. Für eine weitere Halbzeit darf er nach der Kirchenverfassung nicht mehr kandidieren. Für die letzten Jahre will er noch einmal als Pfarrer in eine Gemeinde gehen. Der Wahlvorbereitungsausschuss muss deshalb Kandidaten für Friedrichs Nachfolge suchen. Die drei synodalen Gruppen machen Vorschläge. Darunter befinde sich Bedford-Strohms Name. Heute heißt es, dass es zwischen den Gruppen ein gutes Einvernehmen gab. Es kann also sein, dass er von mehreren vorgeschlagen wurde.

Heinrich Bedford-Strohm fällt die Entscheidung schwer. Eigentlich ist er wunschlos glücklich als Professor in Bamberg. Er kommt gern mit Studenten und Kollegen zusammen, er hat Doktoranden zu begleiten. Und er ist dabei, weltweit Kontakte aufzubauen, vor allem im Globalen Netzwerk für Öffentliche Theologie. Das Bonhoeffer-Institut, das er leitet, ist dessen deutsche Basis. Auf der anderen Seite bietet das Bischofsamt Möglichkeiten, die Kirche und die Gesellschaft mitzugestalten. Wo ginge das besser als in der ersten Reihe?

Und wenn er nicht genug Stimmen bekommt? Das ficht ihn nicht an. »Wenn es nicht klappt, bleibe ich gerne Professor, so wie ich gerne Pfarrer war und immer noch bin«, sagt er damals am Telefon. Schreckt ihn die Belastung nicht? Ein durchgetaktetes Leben, ein randvoller Kalender, endlose Sitzungen, wenig freie Zeit? »Das wird ungefähr so sein, wie es jetzt schon ist«, sagt er. »Mir macht es Freude, Dinge zu bewegen.«

Im November gibt Synodenpräsidentin Dorothea Deneke-Stoll bekannt, dass fünf Kandidaten auf der Liste stehen. Endgültig werden es drei Bewerber: Die Münchner Regionalbischöfin Susanne Breit-Keßler, der Personalverantwortliche der Landeskirche, Oberkirchenrat Helmut Völkel, und der Professor aus Bamberg.

Der ist in der Welt bekannt, in Stellenbosch in Südafrika, im Dorf Byumba in Ruanda, in Genf, in Berlin, in Heidelberg – und in Coburg, im »Galiläa der Heiden«. Aber weniger in den Zentren der bayerischen Landeskirche. Die schaut, wenn es um Professoren geht, zuerst auf die Universität in München und ihre eigene Augustana-

Hochschule im mittelfränkischen Neuendettelsau. Zwischen beiden herrscht eine gewisse Rivalität. Das mittelfränkische Neuendettelsau liegt auf dem Land, weit ab von den großen Verkehrswegen. Unter Theologen heißt es mitunter »Novodettelsibirsk«. Es kann nicht mit dem Glanz der Landeshauptstadt und ihrer Ludwig-Maximilians-Universität mithalten. Aber die theologische Fakultät ist größer als die Münchner. Bamberg kommt in dieser Konkurrenz selten vor. Immerhin ist Bedford-Strohm seit drei Jahren berufenes Mitglied der Synode.

Heinrich Bedford-Strohm beginnt einen kurzen Wahlkampf, der in der Evangelischen Kirche nicht so heißen darf. Da spricht man lieber davon, dass die Kandidaten sich vorstellen. Die *Süddeutsche Zeitung* wird später schreiben, dass er die Zeit mit einer gewinnenden Leichtigkeit absolviert. Auf die Frage, warum er Bischof werden will, antwortet er: »Um zu gestalten.« Verbissenheit ist ihm allerdings fremd. Er brauche das Bischofsamt für seine Biografie nicht, sagt er.

Engagiert und geduldig zugleich erklärt er, wie er Öffentliche Theologie als Kirchenführer praktizieren will. Er wünsche sich, sagt er, eine »authentische, öffentliche Kirche«. Es bereite ihm Kummer, dass der eigene Sozialverband, die Diakonie, seit Jahren Negativschlagzeilen macht. Sie steht in der Kritik, einem Teil seiner Mitarbeiter keine Tariflöhne zu zahlen. Als Landesbischof würde er sich die Argumente der Gewerkschaft ver.di sehr genau anhören. Die aber will mehr als Tarifbindung. Sie will auch an der Mitbestimmung in der Kirche beteiligt werden. Bedford-Strohm steht aber dazu, dass die Kirche ihre

Tarife ohne Gewerkschaften und deshalb auch ohne Kämpfe mit Streiks und Aussperrungen findet.

Auch wird er gefragt, ob der Islam zu Deutschland gehört. Er antwortet darauf mit seiner Formel vom menschenrechtsverbundenen Islam. Er mag nicht von einer christlich-jüdischen, sondern von einer »menschenrechtlichen Leitkultur« sprechen – und zu der hätten die Muslime etwas beigetragen und auch künftig beizutragen. So geht er auch in die Vorstellungsrunde der Synodalgruppen. Die gilt als wichtig.

Einen Tag vor der Wahl gibt er der Wochenzeitung *Die Zeit* ein Interview. Dort spricht er von den Veränderungen der Theologie. Zum Beispiel bei dem, was man als Sünde bezeichnet: »Früher war Sünde stark moralistisch. Wer bestimmte Benimmregeln der bürgerlichen Moral verletzte, hatte gesündigt. Insbesondere die feministische Theologie konnte aber zeigen, dass Sünde auch das Sich-Versperren des Menschen gegenüber den Lebensquellen bedeutet. Der Sinn der Rede von der Sünde darf nicht sein, das Selbstbewusstsein zu unterminieren. Im Gebot der Nächstenliebe steckt auch die Selbstliebe.«

Der Bischof:

Als Außenseiter ins Amt

Sechs Wahlgänge braucht die Synode der Evangelisch-Lutherischen Kirche in Bayern am 4. April 2011, bis sie ihren neuen Bischof gefunden hat. Mit Susanne Breit-Keßler, Helmut Völkel und Heinrich Bedford-Strohm sind drei starke Kandidaten in der Matthäuskirche in der Münchner City zur Wahl angetreten. Wer gewählt wird, wird hier zuhause sein. Der in den Fünfzigerjahren wiedererrichtete Rundbau ist die Bischofskirche.

Ein Krimi beginnt. Acht Stunden und sechs Wahlgänge lang treten die Synodalen an die Urnen. Zwischendurch beraten die Arbeitsgruppen. Die konservative »Gemeinde unterwegs« trifft sich im Gemeindesaal, der Mitte-Arbeitskreis in der Sakristei und die progressive »Offene Kirche« im Keller. Die Synodalen haben damit gerechnet, dass es schwer werden könnte. In dem, was sie wollen, sind sich alle drei Kandidaten ähnlich.

Bedford-Strohm sehen die Medien als Außenseiter. Manchen ist das ganz recht. Zumindest seinen Studenten in Bamberg. Sie hoffen auf einen anderen als Bischof, damit ihr Professor an die Uni zurückkommt.

Doch dann stimmen für Bedford-Strohm im ersten Wahlgang 47 von 105 Synodalen. Damit liegt er überraschend vorn. Die Zweidrittelmehrheit hat er allerdings noch nicht. Sie wäre in den ersten beiden Wahlgängen nötig. In den weiteren brauchte er 50 Prozent. Auch die verfehlt er. Deshalb geht es weiter, bis im fünften Wahlgang Susanne Breit-Keßler ausscheidet, weil sie die wenigsten Stimmen bekommt. So will es das Wahlgesetz. Jetzt erreicht Bedford-Strohm mit 63 Stimmen die absolute Mehrheit. Die Wahl ist entschieden, der Außenseiter Bischof.

Der frühere bayerische Ministerpräsident Günther Beckstein, der der Synode seit 1996 angehört, sagt später, seine Gruppe, die »Gemeinde unterwegs«, habe Völkel bevorzugt, die »Offene Kirche« sei je zur Hälfte für Breit-Keßler und Bedford-Strohm gewesen. Dadurch habe der Mitte-Arbeitskreis den Ausschlag gegeben. Bei seiner Vorstellung in der Gruppe seien Bedford-Strohm die Herzen der Mitte zugeflogen. Ursprünglich hatte die Mitte einen eigenen Kandidaten aufgestellt: Heinrich Götz, den Rektor der Augsburger Diakonissenanstalt. Doch der zog zwei Monate vor der Wahl seine Kandidatur zurück. Mit diesem Hintergrund erklärt Beckstein, warum Bedford-Strohm von Anfang an viele Stimmen auf sich vereinen konnte.

Der neu gewählte Bischof nennt das Geschehen eine Sternstunde: »Sie hat gezeigt, wie wir in der Kirche mit Wahlen umgehen.« Denn anders als bei einer politischen Wahl mit Siegern und Verlierern habe es hier eigentlich nur Sieger gegeben, sagt er und verweist darauf, mit wie viel Wertschätzung die Synodalen mit allen Kandidaten umgegangen seien: »Da war ein Grundgefühl der Achtung und der Identität als bayerische Landessynode. Deshalb habe ich mich die ganze Zeit wohl gefühlt.« Er wird die Unterlegenen später zu seinen wichtigsten Mitarbeitern zählen, und sie werden sich gewinnen lassen. Susanne Breit-Keßler, die als Erste ausschied, wird, wie schon bei seinem Vorgänger, Ständige Vertreterin des Landesbischofs.

Wen hat er zuerst vom Ausgang benachrichtigt, wird er gefragt: »Meine Frau hat den Kindern gesimst und ich habe Wolfgang Huber eine SMS geschrieben.«

Sechs Monate haben Deborah und Heinrich Bedford-Strohm Zeit zum Abschied und zur Vorbereitung. Noch während der Synode teilt er der SPD mit, dass er seine Mitgliedschaft ruhen lässt. So hatte es auch Wolfgang Huber gemacht, als er Bischof in Berlin wurde. Ein Bischof soll für alle da sein. Die *Süddeutsche Zeitung* fragt ihn, ob er sein *Facebook*-Konto auch als Bischof nutzen will. Nein, sagt er, das sei privat, und »man sollte nicht zu viel versprechen, wenn man die Zeit dazu nicht hat.«

Die Wahl greift auch ins Leben seiner Frau Deborah ein: »Als Heinrich zum Bischof gewählt wurde, war mir klar, dass ich meine Praxis schließen muss.« Der Neuanfang in München hält einige Hindernisse für sie bereit: »Wenn ich wieder Therapie hätte anbieten wollen, hätte ich jede Woche da sein müssen. Aber ich musste flexibel bleiben, denn manche Sachen lassen sich nur gemeinsam tragen. Ich hatte das geahnt.« Doch eröffnet sich ihr ein neues Engagement: In Stellenbosch, wo ihr Mann außerplanmäßiger Professor ist, gibt es einen Riesenbedarf an Psychotherapie. Sie beginnt, in Stellenbosch zu lehren. Schweren Herzens verkaufen sie das Haus in Ahorn. Und kaufen eins in Stellenbosch. Zweimal im Jahr kann Deborah Bedford-Strohm in Blöcken in Pretoria und Stellenbosch lehren. Außerdem bietet sie Supervision an. 2013 bekommt sie eine Arbeitserlaubnis für drei Jahre. Inzwischen dürfen beide unbefristet im Land arbeiten. Auch in München bietet Bedford-Strohm wieder Psychotherapie an, wenn auch in geringem Umfang. »Und es ist schwierig«, sagt sie, »Psychotherapeutin zu sein mit einem Namen, der im ganzen Land bekannt ist.« Der Schritt ins Bischofsamt, den Heinrich mit Elan und Begeisterung geht, fällt seiner Frau schwerer: »Ich habe lange vor ihm damit angefangen, mich damit auseinanderzusetzen, dass er Bischof wird. Ich wusste, dass es auf ihn zukommen könnte.« Sie hat lange überlegt – und ihm dann Mut gemacht: »Ich musste eine Haltung dazu finden; dazu benötigte ich Zeit. Und ich musste mich daran gewöhnen, durch sein Bischofsamt in der Öffentlichkeit zu stehen.«

Er verabschiedet sich von der Uni. Als letztes großes Projekt veranstaltet er im Juni 2011 einen internationalen Kongress mit fast allen Vordenkern des »Globalen Netzwerks für Öffentliche Theologie«, in dem er selbst mitarbeitet. Teilnehmer kommen aus Australien, Indien, Südafrika und Europa. Am 26. Juli hält Bedford-Strohm seine Abschiedsvorlesung. Er freue sich auf die neue Aufgabe, »ein ungeheuer wichtiges, einflussreiches Amt.« Und er finde es konsequent, dass er nun seine wissenschaftlichen Einsichten in der Kirchenleitung anwenden könne. Für die letzten sieben Jahre zeigt er sich dankbar: »Als Professor hatte ich das riesige Privileg, dafür bezahlt zu werden, über grundlegende Fragen nachzudenken und lesen zu dürfen.« Noch hat er Doktoranden weiter zu betreuen. Und schon beim Abschied spricht er von einer bleibenden Verbindung. Tatsächlich ernennt ihn die Uni zum Honorarprofessor – er wird also weiter einzelne Veranstaltungen anbieten.

Im Oktober 2011 bezieht Heinrich Bedford-Strohm ein Zimmer im Souterrain am Englischen Garten in der Himmelreichsstraße in der Nähe der Haltestelle Paradiesstraße, da, wo auch die Bischofswohnung liegt. Sie ist aber noch nicht frei. Erst im Juni 2012 übersiedeln die Bedford-Strohms an die Isar. Am 30. Oktober 2011 wird er in der Nürnberger Lorenzkirche ins Bischofsamt eingeführt. Am Tag danach predigt er im Reformationsgottesdienst in Bad Windsheim, im evangelischen Kernland Mittelfranken. Die Gemeinde hatte noch den Professor eingeladen. Jetzt kommt der Landesbischof.

Schon drei Wochen später gibt er vor der Herbstsynode seiner Kirche seinen ersten Bericht ab. Der wird eine Art Regierungserklärung. Denn Heinrich Bedford-Strohm spricht über seine Vorstellung von Kirche. Die sei Salz der Erde und Licht der Welt, so sagt es Jesus in der Bergpredigt in Matthäus 5. Das ist auch Bedford-Strohms Leitbild. Die Kirche dürfe sich daher nicht von der Welt abwenden oder eine Kontrastgesellschaft bilden. Ebenso wenig könne sie Gesellschaftskirche werden, die sich ohne Reibung in ihre Umgebung einfügt. Sie müsse daher kritisch bleiben gegenüber der Gesellschaft, aber auch gegenüber ihren eigenen Traditionen. Und manchmal Festlegungen überwinden, die dem Evangelium im Weg stehen. »Für mich«, sagt der neue Bischof, »ist der lange Zeit selbstverständliche Ausschluss von Frauen aus kirchlichen Ämtern ein solches Beispiel.« Dieser Satz ruft in Bayern Erinnerungen wach. Der 1975 zurückgetretene Landesbischof Hermann Dietzfelbinger hatte zu den letzten Gegnern der Frauenordination in einem evangelischen Bischofsamt gehört.

Bedford-Strohm wünscht sich vor der Synode eine authentische Kirche. Eine, »die aus der Begeisterung für die befreiende Botschaft des Evangeliums lebt, die ausstrahlt, wovon sie spricht und die deswegen Erfahrung und Gefühl untrennbar mit dem Inhalt des Evangeliums verbindet.« Für die Theologiekundigen fügt er hinzu: »Es ist eine Kirche, die die Klarheit der Orientierung des Inhalts an Jesus Christus, wie wir sie in der Theologie Karl Barths finden, mit der Betonung des Gefühls und der Erfahrung verbindet, wie sie in der Theologie Friedrich Schleiermachers zu finden ist.« Sein Schluss kann nur so lauten: »Eine solche Kirche kann gar nicht anders als zugleich öffentliche Kirche zu sein.«

Am 7. Dezember 2011 meldet der Evangelische Pressedienst, dass der neue bayerische evangelische Landesbischof Heinrich Bedford-Strohm nun doch, anders als angekündigt, eine eigene *Facebook*-Seite aufmacht. Eine öffentliche aber und keine private. »Person des öffentlichen Lebens«, steht im Titel. Man kann die Seite abonnieren, aber sich nicht mit ihm befreunden. Im Internet wolle er erfahren, »wie bestimmte Kirchenbilder zustande kommen« und mit den Nutzern diskutieren, »wie Gottesdienste interessanter werden«. Sein Ton fällt auf: Keine Spur von Resignation, zum Beispiel über Kirchenaustritte. Statt über Mitgliederschwund zu jammern, nennt es Bedford-

Strohm sensationell, dass immer noch mehr als 50 Millionen Menschen in Deutschland der Kirche angehören. Sie könnten sich auch anders entscheiden. Denn Menschen, sagt er, wählen heute selbst und werden in keine Kirche mehr hineingeboren. Daher halte er auch Kirchenaustritte für nicht ungewöhnlich. Ursachen für Austritte lägen aber auch dort, »wo die Kirche den Menschen etwas schuldig bleibt« und nicht ausstrahle, wovon sie rede.

Am Tag zuvor hat er sein *Facebook*-Bekenntnis gepostet: »Gerne möchte ich auf dieser Seite, jedenfalls dann, wenn es in meine Zeit passt, andere Anteil haben lassen an meiner Arbeit als Landesbischof und meinen Ideen für die Kirche. Vor allem interessiert mich, was Menschen in der Kirche und solche, die eher Distanz zu ihr haben, über Gott und die Welt im wahrsten Sinne des Wortes denken. Vielleicht kommt auf dieser Seite so manche spannende Diskussion zustande.«

Es folgt sein Tagesprogramm: »Jetzt bin ich gerade unterwegs von München nach Nürnberg, wo ich in eine Dekanekonferenz komme, dann einen Vortrag über die Freiheit eines Christenmenschen bei der Straßenkreuzer-Uni (einer Uni für Obdachlose und andere) und danach einen Vortrag beim Nürnberger Friedensforum über Friedensethik halte, um abends beim Nürnberger Presseclub Rede und Antwort zu stehen. Wird wieder ein spannender Tag.« Er schreibt nicht nur, er liest auch. »Ich nehme viel mit von der Seite«, sagt er. »Ich schreibe mir auf, was an Impulsen und Kommentaren kommt.«

Seitdem kann man auf *Facebook* erfahren, wen er besucht, was er tut und was er darüber denkt. Auch darin zeigt sich Heinrich Bedford-Strohm als öffentlicher Theologe. Was auf seiner Seite zu lesen ist, hat er tatsächlich selbst geschrieben. Wegen seiner Leidenschaft für das Medium bekommt er bald den Spitznamen »Padford«.

Zu seinen ersten Einträgen gehört das Foto einer Schokoladentorte, die er bei einem Besuch der Studierendengemeinde an seiner Uni in Bamberg anschneidet. Darauf ein Geistlicher aus Marzipan mit einer Marzipanbibel in der Hand. Und der schnörkeligen Aufschrift aus Zuckerguss: »Wir sind Bischof«. Am 18. Januar 2015 bekommt seine Seite das fünftausendste »Gefällt mir«.

Man kann dort aber auch kommentieren, was er sagt und was er nicht sagt. Es wird sofort bemerkt, als er sich im Januar 2015 über den Ansturm auf die Liste der Anwärter für das Pfarramt freut, aber nicht erwähnt, dass 60 Prozent der Bewerber beim Examen durchgefallen sind. Schnell sammeln sich 80 Kommentare über die Durchfallquote an. Der Vorwurf fällt, die bayerische Landeskirche wolle wohl ein Elite-Examen. Am nächsten Abend greift der Landesbischof mit einem neuen Eintrag ein. Und verspricht, dass die Facebook-Diskussion vom Vortag in sein Nachdenken eingeht, denn es sei bitter, nach anstrengenden Vorbereitungen das Examen nicht zu schaffen.

Texte haben ihre Tücken, Textilien auch. Zur Bischofswahl ist Bedford-Strohm noch mit Anzug und rosa Hemd gekommen. Jetzt sieht man ihn mit weißem Kollarhemd und öfter im Lutherrock, bei offiziellen Anlässen auch mit dem Amtskreuz. »Der Lutherrock war für meine Mutter ein Graus. Ich weiß gar nicht, was sie gedacht hat, als sie mich zum ersten Mal so sah.« Der Vater Albert beruhigt: »Sie hat es akzeptiert.«

Dabei muss er sich selbst erst einmal an die amtliche Kleidung gewöhnen. Am Anfang versucht er es mitunter in Zivil. Inzwischen sieht er den Lutherrock mit Brustkreuz auch als eine Wertschätzung des Amtes, das er vertritt, und der Menschen, die er repräsentiert. »Ich habe die Erfahrung gemacht, dass die Leute das manchmal als mangelnde Würdigung empfinden, wenn ich in Zivil komme.« Deshalb hat er umgestellt. Doch es bleibt für ihn eine doppelgesichtige Sache: »Klerikale Kleidung kann eine Eigendynamik entwickeln. Dann kommt man daher und meint, man sei ein toller Typ, weil man diese Uniform trägt. Dazu muss man eine gewisse Distanz wahren.« Also hat er sich kleidungstechnisch für den Respekt gegenüber seinen Partnern entschieden: »Wenn ich das Gefühl habe, dass es angemessen ist, dass Leute mich in Bischofskleidung erwarten und sich freuen, dass sie den Bischof bei sich haben und ihn auch erkennen können, dann ziehe ich den Lutherrock an. Aber ich brauche es nicht für mich.«

Vor allem, wenn er mit Katholiken gemeinsam auftritt, hilft das Bischofsoutfit: »Wenn da zwei Leute stehen, der eine hat seine Bischofssoutane an und der andere seinen Lutherrock, dann erkennen die Leute auch beim Protestanten: Aha, das ist ein Bischof.«

Bischof neben Bischof, das gilt für München auch im wörtlichen-örtlichen Sinne. 920 Meter vom Landeskirchenamt entfernt befindet sich der Dienstsitz des katholischen Erzbischofs von München und Freising. Zu dem sieben Jahre älteren Kardinal Reinhard Marx hat Bedford-Strohm von Anfang an ein freundliches Verhältnis. Marx ist vier Jahre zuvor in das Amt des Erzbischofs berufen worden. Auch Marx interessiert sich für Sozialethik. Und Bedford-Strohm fühlt sich in ökumenischen Begegnungen wohl wie ein Fisch im Wasser. Beide beginnen eine Ökumene der kurzen Wege. Am 13. Dezember 2011 treten die beiden Bischöfe zum ersten Mal gemeinsam vor die Presse und kämpfen für einen arbeits- und verkaufsfreien Sonntag. An dieser Frage, sagt Bedford-Strohm, zeigt sich auch, welche Wirtschaft Deutschland haben will: Ob sie für den Menschen oder der Mensch für sie da ist. Marx hat das Schlusswort und sagt: »Dem kann ich nur zustimmen.«

2013 nimmt sich Heinrich Bedford-Strohm Zeit für ein Buch. Sein ältester Sohn Jonas schlägt ihm vor, im Urlaub Gespräche über den Glauben zu führen und sie aufzuschreiben. Jonas nimmt ihre Dialoge mit dem Smartphone auf und bringt sie in eine druckbare Form. Freunde lesen die entstehenden Seiten mit. »Glücklicherweise habe ich mit meinem Vater einen Gesprächspartner, der keine Angst vor der Sprache, den Fragen und der Kritik meiner Generation hat«, schreibt Jonas im Vorwort. Und er schildert, dass seine Generation genau wie die älteren nicht einfach so über den Glauben spricht. Sondern vielleicht am Lagerfeuer nach dem dritten Bier. Oder am Tresen kurz vor Kneipenschluss. Beide sprechen für das Buch über Ungerechtigkeit, über das verstaubte Ansehen der Kirche und über das Lebensgefühl der Jüngeren mit Aufbrüchen und Zweifeln, das sich in der Kirche oft nicht wiederfindet, über Zen-Buddhismus, das Beten und die Scham vieler Jüngerer, über ihre Spiritualität zu reden.

Jonas fragt nach dem Gehalt seines Vaters, seinem Dienstwagen mit Fahrer und sagt: »Es muss dich doch beschäftigen, dass Christus nichts als seine Sandalen und seine Robe hatte, und du selbst eine dicke Limousine benutzt.« Sein Vater gibt ihm die Standardantwort, aber er scheint zu merken, dass sie nicht ganz befriedigt. Kein Auto mit Fahrer würde bedeuten: Weniger Briefe, weniger Mails, weniger Gemeindebesuche. Und Besuche und Post sind ihm wichtig. Aber man muss, sagt der Vater, die eigenen Entscheidungen immer wieder überprüfen: »Auch ich bin damit noch nicht fertig.«

»Ist der Glaube der Christen als einziger wahr?«, fragt Jonas. Der Vater antwortet: »Obwohl ich fest von meinem Glauben überzeugt bin, muss ich nicht die Unwahrheit aller anderen Zugänge zu Gott behaupten. Am Ende ist es Gott selbst, der den Zugang zu uns Menschen findet.« Der Weg, über den Gott ihn erreicht hat, führte über Jesus. »Das ist auch mein Maßstab zur Beurteilung der anderen Wege: Ob sie dem Gott entsprechen, den ich in Jesus Christus erkannt habe.« Ob der Vater auch findet, dass der Islam zu Deutschland gehört? »Eindeutig ja«, sagt der. »Man kann nicht sagen, dass die Muslime zu Deutschland gehören, ihr Glaube aber nicht.« Man sollte so ehrlich sein, findet er, dass der Islam auch Teil der bayerischen und der deutschen Kultur wird. Und der Vater findet: »Wir Deutschen sollten nicht so viel Angst davor haben.« Christen sollten mehr Kontakt mit Muslimen aufnehmen. Er wünscht sich aber einen demokratischen, aufgeklärten Islam. Muslimische

Fundamentalisten seien ein Problem, aber eine verschwindende Minderheit. Der Sohn erzählt, wie schockiert er war, als der rechtsextreme »Fränkische Heimatschutz« den Vater ins Visier nahm, weil der zu freundlich zu Muslimen sei. Was denkt der Vater über die Schreiber von Hassmails? Der antwortet: »Diese Menschen tun mir einfach leid. Wer so aus dem Hass lebt, kann nur unglücklich sein.« Jonas fällt auf, dass Terror in Europa als krasser Verstoß gegen die herrschende Kultur verstanden wird, beim Islam aber immer als Ausdruck der Kultur.

Der Vater verrät dem Sohn noch ein Geheimnis. In einem langen, anrührenden Gespräch über Alter und Tod spricht er über ein erfülltes Leben und darüber, dass die Menschen einander die schönsten Dinge erst am Grab sagen. »Ich frage mich oft: Was würde ich dem Menschen da sagen? Und meine Antwort sage ich ihnen dann lieber gleich.«

Das Buch sei ihm besonders wichtig, schreibt der Bischof im Nachwort. Eine seiner größten Hoffnungen liege darin, dass die Kirche neu mit jungen Menschen ins Gespräch kommt: »Ich will hören, was sie Kritisches zu sagen haben, und ich will zu erklären versuchen, warum ich die alten Traditionen des Christentums so faszinierend finde.« Am Ende des Jahres, als das Buch erscheint, hat Jonas sich entschlossen, Theologie zu studieren.

Das Jahr 2014 kommt. Im Irak und Syrien erobert eine Terrorgruppe namens »Islamischer Staat« Landstrich um Landstrich. Wo sie die Macht ergreifen, vertreiben sie Schiiten, Jesiden und Christen. Gegner, die den falschen Glauben haben oder Widerstand leisten, werden geköpft, gekreuzigt oder verbrannt. Frauen werden als Sklavinnen verkauft, Kunstschätze geplündert oder zerstört. In einem Blitzangriff erobert die gut organisierte Terrorgruppe die Gegend von Ninive und Mossul. Zuerst fordert sie die Christen auf, zum Islam zu konvertieren oder eine Kopfsteuer zu zahlen. Soldaten kennzeichnen die Häuser der Christen mit einem N für Nasrani, Nazarener. Dann, am 18. Juli, werden die Christen aus den Lautsprechern der Moscheen angewiesen, zu fliehen, um »dem Schwert« zu entgehen. Zweihunderttausend Menschen machen sich auf den Weg über das Sindschar-Gebirge. Die Nachrichten berichten von Städten wie Dokhuk und Erbil, weil die Menschen dorthin fliehen und die kurdischen Peschmerga-Milizen der Terrorgruppe Einhalt gebieten. Doch das Christentum im Nordirak steht nach zweitausend Jahren vor seinem Ende – so, wie es der »Islamische Staat« will. Die Europäische Union beginnt, sich Gedanken zu machen, wie sie den Menschen helfen kann. Und eine wachsende Zahl junger Männer und Frauen reist in den Irak, um sich dem Kampf des Islamischen Staates anzuschließen.

Bedford-Strohm telefoniert mit Pfarrern im Irak, die sich um die Flüchtlinge kümmern. Anfang September bricht er zu einer Reise in den Nordirak auf. Am 9. September berichtet er auf *Facebook* über Gespräche in Erbil mit muslimischen und christlichen Politikern. Erleichtert hat er gehört, dass die Muslime sich scharf vom »Islamischen Staat« distanzieren. Mit den Christen diskutiert er über die friedensethische Haltung der Christen in Deutschland, die einem Militäreinsatz skeptisch gegenüberstehen. Die einheimischen Christen entgegnen ihm, dass sie keine andere Möglichkeit sehen. Wenig später plädiert er für einen Militäreinsatz, gegen die Mehrheitsmeinung in Deutschland und die seiner evangelischen Kirche. Allerdings müsse es sich um einen UNO-Einsatz handeln. Kritik erntet er trotz dieser Differenzierung.

Was er damals nicht berichtet: Auf der Fahrt von Dohuk nach Erbil hat er abbiegen lassen. In Richtung Mossul, der zweitgrößten Stadt des Iraks. Dort haben die Dschihadisten unvorstellbare Gräueltaten an der Bevölkerung begangen, sie haben Kulturschätze zerstört und alte Manuskripte verbrannt, als sie die Stadt erobert hatten. Der Tross fährt bis zu einem Hügel. Oben befindet sich die vorderste Front der Peschmerga-Kämpfer. Auf der nächsten Erhebung sitzen schon die Kämpfer des »Islamischen Staates«. Er steigt aus, sieht die antiquierten Waffen, mit denen die Peschmerga gegen den gut gerüsteten Feind vorgehen wollen. Hier ist sein Platz, genau hier. Diese Situation will er mit eigenen Augen gesehen haben.

Wieder daheim, lassen ihn die Erfahrungen im Irak nicht los. Ein halbes Jahr nach seinem Besuch sagt er: »Auf die Frage, wie wir wirksam helfen können, habe ich keine klare Antwort. Nach wie vor wünsche ich mir, dass die Vereinten Nationen ihrer menschlichen Schutzpflicht gerecht werden. Aber das ist nicht absehbar. Ich bleibe am Ball, um zu klären, welche Möglichkeiten neben dem Gebet und den bestehenden Kanälen humanitärer Hilfe wir noch haben.«

Der Ratsvorsitzende:
Eine Frage der Balance

Die nächste Lebensentscheidung liegt da schon hinter Heinrich Bedford-Strohm. Noch vor seiner Reise in den Irak war er am 27. Juni 2014 zur Sitzung des Rates der EKD nach Berlin gefahren. Ein Jahr zuvor war er in den Rat gewählt worden, das Gremium von 15 Personen, das alle zwei Monate zusammentritt und die Geschicke der Evangelischen Kirche in Deutschland lenkt. An diesem 27. Juni hatte Nikolaus Schneider, der Vorsitzende des Rates, seinen Rücktritt bekanntgegeben. In vier Monaten, am 10. November auf der Synode der EKD in Dresden, werde er sein Amt niederlegen. Seine Frau Anne war an Krebs erkrankt. »Unserem gemeinsamen Weg will ich alle Zeit widmen. Dieser Wunsch ist mit meinen EKD-Ämtern nicht zu vereinbaren«, hatte Schneider vor der Presse gesagt.

Jetzt war guter Rat teuer. Wer würde die Führung der EKD übernehmen? Es gab zwei Möglichkeiten. Denn Ende 2015 lief die Amtsperiode des gesamten Rates aus. Dann würde ohnehin neu gewählt. Wer jetzt ins Amt käme, würde es erst einmal nur für ein Jahr übernehmen. Soll man also einen Übergangkandidaten wählen? Oder soll einer aus der neuen Bischofsgeneration antreten, der das Amt auch über 2015 hinaus wahrnehmen kann? Für einen der neuen spricht das Jahr 2017. Dann wird die Reformation 500 Jahre alt. Und dafür müssen jetzt wichtige Entscheidungen auf den Weg gebracht und weiterverfolgt werden.

Sofort ist Heinrich Bedford-Strohms Name im Gespräch. Er hatte sich in den knapp drei Bischofsjahren in der ganzen evangelischen Kirche profiliert. »Da kommen aufregende Zeiten auf Sie zu«, soll Günther Beckstein Deborah Bedford zugeflüstert haben. Beckstein ist Vizepräses der EKD-Synode. Was hatte Beckstein gemeint? Was würde Bedford-Strohm erwarten?

Ein Ratsvorsitzender trägt auf vielen Schultern. Er ist im Hauptamt Bischof einer der 20 evangelischen Landeskirchen. Der Ratsvorsitz ist ein Nebenamt, auch wenn er viel Zeit fordert. Das steht in keinem Gesetz. Aber es geht nicht anders. Denn der Vorsitzende braucht eine Landeskirche im Rücken, um sich im Kreis der selbstständigen Landeskirchen Gehör zu verschaffen. »Er ist Erster unter Gleichen« sagt Wolfgang Huber, »aber dazu muss er erst einmal gleich sein.« 2013 war Nikolaus Schneider als Präses der rheinischen Landeskirche in den Ruhestand getreten, nach Berlin umgezogen und nur noch Ratsvorsitzender. Zehn Jahre zuvor hatte mit Manfred Kock schon einmal ein EKD-Ratsvorsitzender in seiner Landeskirche die Ruhestandsgrenze erreicht und war ein halbes Jahr nur noch für die EKD tätig. »In solchen Zeiten ist die Gestaltungskraft nicht unbedingt gewachsen«, bemerkt Wolfgang Huber diplomatisch. Der hessische Bischof Martin Hein schlug 2007 vor, dass die EKD einen Erzbischof an ihrer Spitze haben sollte. Aber der Föderalismus, also die Selbstständigkeit der Landeskirchen, verträgt keinen Vorgesetzten der Bischöfe.

Ähnlich ist es in der katholischen Kirche. Auch der Vorsitzende der katholischen Deutschen Bischofskonferenz leitet im Hauptamt ein Bistum oder Erzbistum und führt im Nebenamt den Vorsitz über die Versammlung der rund 70 Bischöfe. Doch anders als der Ratsvorsitzende der EKD muss er sich nicht nur mit den Bischöfen einigen, sondern auch noch mit dem Papst und dem Vatikan und dem Nuntius, also dem Vatikanbotschafter im eigenen Land.

Die Leute an der Spitze einer Kirche, schätzt Wolfgang Huber, haben etwa so viel Arbeitsaufwand wie die Ministerpräsidenten der Länder oder etwas mehr. Dafür lastet weniger Druck durch wöchentliche Umfragen und den ständigen Gedanken an die nächste Wahl auf ihnen. Ein Ratsvorsitzender mit seinen vielen Aufgaben muss außerdem schnell zwischen Situationen und Themen umschalten und sich konzentrieren können, um in einer halben Stunde auf eine Rede vorbereitet zu sein. Und schließlich braucht er eine gute Gesundheit und muss abends um elf, wenn er nach Hause kommt, noch die Post des Tages erledigen.

Die Leute an der Spitze der Kirche werden, auch wenn sie Erste unter Gleichen sind, stärker als andere wahrgenommen. Denn sie sind Sprecher ihrer Kirchen.

Das sieht nach außen einfacher aus, als es sich nach innen darstellt. Denn die Bistümer wie auch die evangelischen Landeskirchen sind die Zentren der Macht. Und sie bekommen die Kirchensteuer. Die EKD nimmt selbst keine Kirchensteuern ein, sondern erhält eine Umlage von den Landeskirchen. Sie muss für den Zusammenhalt der Landeskirchen sorgen. Und sie soll die gemeinsame Arbeit koordinieren.

Ob der Ratsvorsitzende gehört wird, das entscheidet sich nach außen an der Kraft seiner Argumente, an seiner

Fähigkeit, Verbindungen zu knüpfen und Themen zu besetzen, und nach innen an seiner Fähigkeit, die Landeskirchen hinter sich zu vereinen. In den letzten Jahren hat die Evangelische Kirche ganz unterschiedliche Ratsvorsitzende gesehen. Bis heute ist Wolfgang Huber in Erinnerung. Er war im Hauptamt Bischof in Berlin. Das half ihm, im Zentrum der politischen Macht zugegen zu sein. Er füllte seine Rolle mit Ideen und Führungskraft aus. Aus seinen Reden, Stellungnahmen und öffentlichen Auftritten sprachen Kenntnis, politisches Gespür und eine tiefe Verankerung in der Theologie. Politiker reden bis heute mit Hochachtung von ihm. Er stieß in der Evangelischen Kirche einen Erneuerungsprozess an, von dem sie immer noch zehrt. Huber setzte sich dafür ein, dass die Kirche in allem, was sie sagt und tut, deutlich macht, dass ihr Handeln im Evangelium begründet liegt und die Liebe Gottes zu den Menschen zum Ausdruck bringt. Er kämpfte für einen Gottesdienst, in dem Menschen angesprochen werden und Gott begegnen können. Und, vor allem, er konnte auch abends um elf noch aus dem Stand druckreif formulieren. Von ihm fühlten sich nicht nur die Protestanten in Deutschland gut vertreten. Als im Frühjahr 2012 ein neuer Bundespräsident gesucht wurde, stand Wolfgang Hubers Name auf der Liste der Kandidaten. Bis 2014 saß er für die Evangelische Kirche im Deutschen Ethikrat. Und immer noch strecken sich ihm viele Mikrofone entgegen, wenn er das Wort ergreift.

Als Hubers Nachfolgerin war Margot Käßmann, die hannoversche Landesbischöfin, im November 2009 mit überwältigender Mehrheit an die Spitze des Rates der EKD gewählt worden. Sie hatte einen Traumstart. Mit ihr, der ersten Frau an der Spitze der Evangelischen Kirche, sollte der Protestantismus 2017 durch das 500. Jahr seines Bestehens gehen. Es schien wie eine Bagatelle, dass sich die Synode am Schluss der Wahl verhakte und nachts um zwei beschloss, einen Sitz leer zu lassen, weil sich die 130 Kirchenparlamentarier auf keinen Kandidaten mehr einigen konnten.

Vier Monate später folgte die Katastrophe. Im Februar 2010 trat Margot Käßmann nach einer Alkoholfahrt von allen ihren Ämtern zurück. Ein ratloser Rat machte sich Gedanken, wie es weiter gehen sollte. Rasch übernahm Käßmanns Stellvertreter Nikolaus Schneider das Amt, vorläufig und leise. Er war ein guter Stellvertreter. Aber jetzt herrschte Not. Dann folgte ein Ereignis, das ihn in ganz Deutschland bekannt machte: In Duisburg, das zu seiner Landeskirche gehört, der rheinischen, endete die Love Parade mit 21 Toten und mehr als 500 Verletzten. Nikolaus Schneider musste zusammen mit dem katholischen Bischof Franz Josef Overbeck den Trauergottesdienst leiten. Es war, wie es immer in Deutschland ist: In den Momenten der größten Trauer schweigt der Staat, und die Kirche öffnet ihre Tore. Dann ist öffentliche Seelsorge gefragt. Und wenn Nikolaus Schneider eines war, dann war er Seelsorger. Wie sonst keiner traf er den Ton. Im Gottesdienst am 31. Juli 2010 sagte er: »Für die 21 wurde das ausgelassene Fest zum Totentanz.«

Im November 2010 stellte sich Schneider der Synode der EKD zur Wahl als Vorsitzender und wurde einhellig gewählt. Margot Käßmanns freier Sitz wurde mit der Gewerkschafterin Edeltraud Glänzer nachbesetzt. Auf den im Vorjahr frei gebliebenen Sitz wurde die Theologin Christiane Tietz nachgewählt.

Doch schon 2013 berief die Universität Zürich Christiane Tietz auf einen Lehrstuhl. Sie trat ebenfalls zurück. Ihr folgte die Tübinger Theologin Elisabeth Gräb-Schmidt.

Inzwischen war den Verantwortlichen ein Webfehler in der Zusammensetzung des Rates aufgefallen: Ihm gehörten fünf leitende Geistliche von evangelischen Landeskirchen an. Alle fünf wären 2015, wenn neu gewählt würde, in den Ruhestand getreten. Keiner da, der für Kontinuität sorgen würde. Also verließ auch der frühere bayerische Landesbischof Johannes Friedrich den Rat der EKD. Friedrich war schon seit zwei Jahren wieder Dorfpfarrer und Heinrich Bedford-Strohm als sein Nachfolger in Bayern gewählt. Friedrich machte den Weg für einen Jüngeren frei – für Bedford-Strohm.

Dann aber musste auch die Synode eine neue Spitze wählen. Die grüne Politikerin und Pfarrfrau Katrin Göring-Eckardt hatte ihr Amt als Synodenpräses schon seit dem Sommer ruhen lassen. Sie war für die Grünen in den Wahlkampf eingestiegen. Als sie im Oktober zusammen mit Anton Hofreiter den Parteivorsitz übernahm, gab sie ihr Kirchenamt auf. Für sie wurde die frühere Bauministerin Irmgard Schwaetzer nachgewählt. Auch das bedeutete einen Wechsel im Rat. Denn die oder der Präses der Synode ist qua Amt Ratsmitglied.

Als schließlich Nikolaus Schneider am 27. Juni 2014 seinen vorzeitigen Verzicht ankündigte, ging ein Stöhnen durch die Synode. Und auch die Synodalen überlegten: Einen Übergangkandidaten wählen oder einen, der auch nach 2015 den Rat führen kann? Oder einen, der länger zur Verfügung steht? Für den Übergang war Schneiders Stellvertreter im Gespräch, Landesbischof Jochen Bohl aus Dresden. Aber der erklärte kurz vor Synodenbeginn im November 2014 in Dresden, er stehe nicht zur Verfügung. Da blieben nur noch wenige übrig. Der hannoversche Bischof Ralf Meister zum Beispiel. Er ist zwei Jahre jünger als Bedford-Strohm. Aber er müsste erst in den Rat gewählt werden und dann sofort den Vorsitz übernehmen.

Heinrich Bedford-Strohm hatte in den Monaten zuvor klug und zurückhaltend geantwortet, wenn er gefragt wurde, ob er sich zur Wahl stellen würde. Wahlen sind in der evangelischen Kirche heikel. Die Synode mag es nicht, wenn ein Kandidat zu überzeugt von sich ist. Schon zwei Bischöfe, die als Ratsvorsitzende in die Synode gingen, kamen als Bischöfe wieder heraus. Journalisten, die ihn fragten, sagte Bedford-Strohm, er laufe vor Verantwortung nicht davon. Aber er sagte es nur in Hintergrundgesprächen.

Waren es die vielen Rücktritte, die den Eindruck einer glanz- und glücklosen Ratsperiode verbreiteten? Zwar verstehen sich die Ratsmitglieder untereinander gut. Das sagen sie jedenfalls selbst. Schneider versah sein Amt als Vorsitzender redlich, aber ohne erkennbaren Führungswillen. Er blieb der Seelsorger, der Menschen zusammenbringt. Und er zeigte wenig Interesse am Reformprogramm seines Vorvorgängers Wolfgang Huber. Sein Bild der Kirche von morgen schien das Bild der Kirche von gestern zu sein.

Selten wurde vor einer Wahl zum Rat so viel spekuliert und gemutmaßt wie vor dieser. Aber das alles ist wie vergessen, als sich am frühen Nachmittag des 11. Dezember 2014 die Anspannung löst und feststeht, dass jetzt Heinrich Bedford-Strohm die EKD führen wird. 105 von 126 Synodalen haben ihm ihre Stimme gegeben – im ersten Wahlgang. Im Dresdener Kongresszentrum breitet sich das Gefühl aus, der geborene Ratsvorsitzende trete sein Amt an. »Die EKD steht unter Strohm«, twitterte Volker Rahn, der Sprecher der Evangelischen Kirche in Hessen und Nassau. Die Synode erwartet wieder Führung. Schnelle Führung: Als Bedford-Strohm im April 2011 in Bayern zum Landesbischof gewählt wurde, hatte er ein halbes Jahr Zeit, um sich auf den Amtsantritt im November vorzubereiten. Jetzt sind es acht Stunden. Der größte Teil davon ist schon besetzt mit Interviews.

Der *Zeit* sagt er, dass das Ja zum Ratsvorsitz seine schwierigste Entscheidung im ganzen Jahr war. Auch, weil sein Kalender schon mit bayerischen Terminen gefüllt ist. Warum hat er trotzdem zugesagt? Er antwortet: »Weil mir die Zukunft der Kirche am Herzen liegt: Wir müssen unsere alte Botschaft so weitergeben, dass sie heute verstanden wird. Das kann kraftvoller geschehen.«

In der *Tagesschau* der ARD heißt es am Abend nach der Wahl über Bedford-Strohm, er vereine mehrere gute Eigenschaften: »Er ist klug und gleichzeitig sehr zugänglich, sehr kommunikativ. Er vertritt die Line der Öffentlichen Theologie. Als im Sommer über Waffenlieferungen gegen den IS verhandelt wurde, da ist er kurzerhand in den Irak geflogen und hat dort Flüchtlingsheime besucht.« Sein großes Thema sei die soziale Gerechtigkeit. »Da passt er ganz hervorragend zum Oberhaupt der Katholiken, dem Münchner Erzbischof Reinhard Marx. Die beiden kennen sich sehr gut. Insofern ist davon auszugehen, dass die Wahl ein wichtiges Signal ist für die Zusammenarbeit zwischen Protestanten und Katholiken.« Und *Bild* macht ihn zum »Gewinner des Tages« und wünscht ihm Gottes Segen.

Nach der Synode muss der neue Ratsvorsitzende umplanen. Zwei Wochen nach der EKD-Synode, die ihn gewählt hat, tritt er in Regensburg wieder vor das Parlament der bayerischen Landeskirche. Er wolle auch in seiner Landeskirche präsent bleiben. Trotzdem habe er die beiden Mitbewerber um das bayerische Bischofsamt gebeten, jetzt weitere Aufgaben zu übernehmen, die Münchner Regionalbischöfin und seine Ständige Vertreterin Susanne Breit-Keßler und Oberkirchenrat Helmut Völkel. Sie übernimmt Termine, die er nicht wahrnehmen kann, Völkel leitet den Landeskirchenrat, wenn er zwingend einen anderen Termin wahrnehmen muss. Der Landeskirchenrat ist neben Synode, Synodalausschuss und Bischof das vierte kirchenleitende Gremium. Zu ihm gehören die sechs Regionalbischöfe und die sechs Oberkirchenräte, also die Abteilungsleiter des Landeskirchenamtes. Der Bischof ist in diesem Gremium der Erste unter Gleichen. Trotz dieser Entlastung: Die ersten Wochen sind eine Jonglage zwischen Bayern und der EKD. In der Woche nach der EKD-Synode stellt er sich den Mitarbeitern des Kirchenamtes der EKD in Hannover vor. Mitte Dezember bezieht er sein EKD-Büro in der Charlottenstraße am Berliner Gendarmenmarkt, einem der schönsten Plätze der Stadt. Die EKD hat das Haus nach der Wende gekauft. Früher war es die Parteizentrale der DDR-CDU. Zur Einweihung seines Büros im Januar 2015 führt Bedford-Strohm einen Abend lang Interviews.

Die nächsten Wochen jongliert er weiter. »Ach«, sagt er im Auto, »wir müssen da noch eine Balance finden. Aber es macht ja Freude.«

Drei Wochen später, nach einem Besuch von Partnerkirchen in Ostasien, kommt er erneut nach Berlin. Heinrich und Deborah Bedford-Strohm steigen im Hotel Albrechtshof ab. Kurze Zeit später kommt er die Treppe hinunter ins Restaurant. Ein Kaffee und ein Frankfurter Kranz, dazu ein Interview. Dann zieht er sich kurz zurück. Der nächste Gesprächspartner. Ein besonderer allerdings: Bill Gates, der reichste Mensch der Welt. Früher Chef von *Microsoft*, lebt er jetzt vor allem für seine Stiftung, die an den Einlagen gemessen größte Privatstiftung auf dem Globus. Gates ist auf Heinrich Bedford-Strohm aufmerksam geworden und wollte ihn treffen. Ein Indiz dafür, dass die Öffentliche Theologie, die der Ratsvorsitzende vertritt, wahrgenommen wird – und dass die Zweisprachigkeit funktioniert.

Gates hatte sich schon einmal mit Bedford-Strohm treffen wollen. Der aber musste ihm absagen. Seine Wahl zum EKD-Ratsvorsitzenden hatte angestanden. Jetzt ist Gates zum Treffen der Globalen Impfallianz nach Berlin gekommen. Er hat 1,3 Milliarden Euro bereitgestellt und damit die Bundesregierung motiviert, ihre Unterstützung auf 700 Millionen hochzuschrauben. Gates will die Kinderlähmung in diesem Jahr besiegen. Auf dem Rückweg kommt er im Albrechtshof vorbei. Ein schwarzer Mercedes-Kleinbus mit Sicherheitsleuten und Begleitern fährt vor. Sie inspizieren den Eingang, den Raum, schauen unter den Tisch, und einer stellt sich in die Tür, deren Flügel sich elektrisch bewegt nach außen öffnen. Kurz darauf kommt ein zweiter schwarzer Mercedes-Kleinbus mit dunklen Seitenscheiben nach. Bill Gates steigt mit zwei Begleiterinnen aus. Sein Frau Melinda wollte ursprünglich mitkommen, aber sie ist schon abgereist. Nach der Begrüßung schließen sich die Türen des Raums neben dem Eingang. Was Gates mit dem Ehepaar Bedford-Strohm bespricht, bleibt vertraulich. Eigentlich war eine knappe halbe Stunde vorgesehen. Es dauert länger. Nach einer Stunde werden Gates' Begleiter sichtbar unruhig. Die drei treten auf den Flur, eine rasche, herzliche Verabschiedung. Der Tross fährt zum Flughafen Tegel. Später entspinnt sich eine Diskussion, ob Kirchen mit Menschen zusammenarbeiten dürfen, die allein so viel Macht haben wie ein Staat. Gates möchte mit seiner Marktmacht günstige Impfstoffe für die Entwicklungsländer bereitstellen. Und er will Wettbewerb. Die Impfstoffe sollen nicht in riesigen Mengen bei einzelnen Herstellern gekauft werden. All das sind Ziele, die die evangelische Kirche teilt.

Am frühen Abend ist wieder der bayerische Landesbischof gefragt. Der jährliche Empfang der bayerischen Bundestagsabgeordneten steht an. Bedford-Strohm zieht den fast knielangen schwarzen Lutherrock an, der eigentlich eine abgeschnittene Soutane ist, und legt das Amtskreuz um.

Unten treffen die ersten Politiker ein. Noch ist Peter Gauweiler dabei, das Urgestein der CSU, und der junge Parlamentarische Staatsekretär Thomas Silberhorn aus dem Entwicklungshilfeministerium. Er ist für Bamberg und Forchheim in den Bundestag eingezogen, kommt also von dort, wo Heinrich Bedford-Strohm als Professor gewirkt hat. Und dann ist auch der Bischof zur Stelle und begrüßt Abgeordnete und Regionalbischöfinnen. Er erzählt, was er in den letzten Tagen erlebt hat. Zum Beispiel sein Besuch zum 70. Jahrestag der Befreiung des Vernichtungslagers Auschwitz. Der Termin sei etwas untergegangen nach dem Anschlag auf die Pariser Satirezeitschrift Charlie Hebdo. Man müsse alles tun, damit Juden in Deutschland ohne Angst leben können, sagt er unter dem Beifall der Politiker. Und findet es bedrückend, dass die Angst unter Juden wieder hochkriecht. Die Situation stelle die Frage, »wie wir als Religionen in Deutschland zusammenleben und welche Rolle der Islam in Deutschland annimmt«. Öfter bekräftigt er in diesen Tagen: »Ein menschenrechtsverbundener Islam gehört zu Deutschland.« Eine leichte Abwandlung des Satzes »Der Islam gehört zu Deutschland«, den der frühere Bundespräsident Christian Wulff sagte und der bis heute umstritten ist. Bedford-Strohm lässt heute offen, ob die Menschenrechtsverbundenheit des Isam schon gegeben ist oder noch aussteht.

Aber dann kommt Heinrich Bedford-Strohm vor den Bundestagsabgeordneten aus Bayern auf sein eigentliches Thema, die Sterbehilfe. In den Monaten zuvor hat der

Bundestag kontrovers darüber diskutiert. Die Fraktionsdisziplin ist aufgehoben. Jeder soll im kommenden Herbst nach seinem Gewissen entscheiden. Das Thema berührt die meisten Abgeordneten, weil viele es in irgendeiner Form, bei den Eltern, in der Familie oder bei Freunden, selbst kennen gelernt haben: Wann ist der Zeitpunkt, um dem Sterben seinen Lauf zu lassen? Und wo ist die Grenze zwischen dem Geschehenlassen und dem Eingreifen? Was muss der Gesetzgeber regeln? Im Herbst sollen die Fragen wieder im Bundestag beraten werden. Diese Diskussion will Bedford-Strohm vorbereiten. Ein Buch dazu erscheint wenige Wochen nach dem Empfang. Er wird es seinem Vater widmen.

Bedford-Strohm setzt einen eigenen Akzent. Katholische Bischöfe, aber nicht nur sie, haben sich zu Beginn der Diskussion beklagt: Nichts mehr sei klar. Jetzt drohe das Lebensende in die Verfügung des Menschen zu geraten. Es ist ein gern gebrauchtes Argument in konservativen Kreisen: Dass ethische Dämme brechen und sich die Gesellschaft der Gegenwart in moralischen Fragen auf der schiefen Ebene des Verfalls befindet. Der Ratsvorsitzende der EKD sieht das anders. Er würdigt die Diskussionen im Bundestag und in der Gesellschaft. »In dem Ringen um die Frage der Sterbehilfe zeigt sich eine vom Schutz des Lebens geprägte Sozialkultur«, sagt er. Diese Sozialkultur gelte es zu stärken. Die Abgeordneten fühlen sich verstanden: Ein Bischof macht ihnen Mut zur Diskussion und kein schlechtes Gewissen.

Vorher hatte sich Bedford-Strohm dagegen gewandt, dass in der Öffentlichkeit mitunter über das Schicksal von

Menschen diskutiert wird, die an entsetzlichen Schmerzen leiden und die auf den Tod warten – mit dem Unterton, es sei unbarmherzig, diesen Menschen ein selbstbestimmtes Ende zu verweigern. Er nimmt das zum Anlass, über das Verhältnis zwischen Selbstbestimmung und Verantwortung nachzudenken. Und er wirbt dafür, die Kostbarkeit des Lebens über alles zu stellen: Werde die Tötung eines Menschen erlaubt oder die Beihilfe dazu, »dann geht etwas verloren, was für die Selbstachtung, den Selbstwert und die Selbstbestimmung aller Menschen unglaublich viel bedeutet: Das Wissen, dass ihr Leben so kostbar, so unvergleichlich, so unverrechenbar ist, dass niemand es beenden darf, und erst recht, dass dieses Leben keiner Rechtfertigung bedarf.« Die evangelische Kirche wolle dabei niemanden moralisch bevormunden: »Es geht schlicht und einfach um die Würdigung der Kostbarkeit des Lebens.« Er redet nicht von der Gottebenbildlichkeit des Menschen, obwohl er genau das meint. Doch er bietet eine Formulierung an, die für jeden nachvollziehbar ist, gleich ob er an Gott glaubt oder nicht, denn es geht ihm darum, dass die ganze Gesellschaft sich verständigt.

Das Thema ist für die evangelische Kirche gerade ziemlich heikel. Das liegt an Bedford-Strohms Vorgänger Nikolaus Schneider. Der hatte vor seinem Rücktritt gesagt, er würde seine krebskranke Frau begleiten, wenn die ihn bäte, mit ihm in die Schweiz zu fahren, um dort bei einer Sterbehilfeorganisation ihr Leben zu beenden. Menschlich konnte wohl jeder verstehen, dass er sich so entschied, zumal er bekundete, dass er selbst aktive Sterbehilfe ablehnt. Aber das, wofür er öffentlich Verständnis aufbrachte, stand in Spannung zur Position der evangelischen Kirche. Die Kirche hatte sich immer dafür ausgesprochen, dass Sterbehilfeorganisationen in Deutschland verboten bleiben.

Vor den bayerischen Politikern erklärt Bedford-Strohm den Zwiespalt, ohne Schneiders Namen zu erwähnen, und bekräftigt dabei die Haltung der evangelischen Kirche: Es mache einen großen Unterschied, ob jemand in einem extremen Dilemma eine Gewissensentscheidung treffe, oder ob eine Möglichkeit »von vornherein gesetzlich zugelassen und damit von schwerwiegenden persönlichen Gewissensentscheidungen unabhängig gemacht wird. Wer Beihilfe zur Selbsttötung oder gar Tötung auf Verlangen gesetzlich zulässt, verändert die Sozialkultur.«

Der Ratsvorsitzende rät, das Tötungstabu zu verteidigen »und damit dem Fünften Gebot zu folgen«, sowie die Betreuung Sterbender und die palliative, also die Schmerzmedizin weiterzuentwickeln, um damit ein Sterben in Würde zu ermöglichen. Am Schluss steht ein Satz, der für ihn typisch ist, zweisprachig, wie es die Öffentliche Theologie fordert: »Das entspräche aus meiner Sicht nicht nur den Grundimpulsen christlicher Ethik, sondern auch der aufgeklärten Vernunft.« Der Satz erklärt gleich mit, warum Bedford-Strohm die Berufung auf den Glauben sparsam einsetzt und in Argumente einbettet.

Der folgende Tag ist mit Antrittsbesuchen gefüllt. Der erste geht zu Außenminister Frank-Walter Steinmeier. Bedford-Strom fährt mit Martin Dutzmann ins Ministerium, dem Bevollmächtigten der EKD in Berlin. Steinmeier ist evangelischer Christ und kommt aus der Lippischen Landeskirche. Dutzmann war dort der leitende Geistliche, bevor er nach Berlin ging.

Schnell kommt das Gespräch der drei auf den Philosophen John Rawls, über dessen Gerechtigkeitstheorie Bedford-Strohm promoviert hat. Auch Steinmeier hat sich mit Rawls befasst. Er hat Bedford-Strohm schon vor Jahren einen Aufsatz über den Philosophen geschickt. Worüber sie weiter geredet haben, das bleibt vertraulich. Ob sie auch über Religion in der Außenpolitik sprachen? Gerade hat sich Steinmeier in Tunis vor Studenten an der Al-Manar-Universität als evangelischer Christ geoutet. Dort sprach er über das Zusammenleben in der globalisierten Welt. Der Außenminister warnte vor einfachen Antworten. Und er unterstrich, wie er selbst das Verhältnis zwischen Religion und Politik sieht, nämlich sehr evangelisch: »Mein Glaube inspiriert zwar mein Handeln, im privaten wie im öffentlichen Raum. Aber mein Glaube darf nicht selbst zum Gegenstand der Politik werden und schon gar nicht zum Instrument gegen Andersgläubige.« Daraus zieht Steinmeier eine Konsequenz für das Zusammenleben von Menschen unterschiedlicher Religionen: Er glaube, dass es eine Demokratie gebe, »die dem Islam Raum gibt – und es gibt einen Islam, der der Demokratie Raum gibt«. Es ist neu, dass ein Außenminister die Rolle der Religion zum Thema macht und sich selbst als religiöser Mensch präsentiert.

Eine halbe Stunde später als geplant kommen Bedford-Strohm und Dutzmann aus dem Portal des Ministeriums am Werderschen Markt, das früher die DDR-Volkskammer und das Zentralkomitee der SED beherbergte und das als Haus der Reichsbank erbaut worden ist. Fahrer Ralf Meyer chauffiert Bedford-Strohm und Dutzmann in die Dorotheenstraße.

Der Ratsvorsitzende ist erstaunt und freut sich, wie auch bei den kommenden Gesprächen, über die Sympathie, die den Repräsentanten der Evangelischen Kirche entgegenschlägt.

»Zu Katrin«, nennt Martin Dutzmann das nächste Ziel und meint Katrin Göring-Eckardt, die frühere Präses der EKD-Synode und Präsidentin des Evangelischen Kirchentages, jetzt Fraktionsführerin der Grünen. Die Katrin und der Heinrich duzen sich. Man kennt sich von Synoden, Sitzungen, Ausschüssen und Kammern. Zusammen mit Anton Hofreiter hat Göring-Eckardt dem neuen Ratsvorsitzenden gratuliert: »Mit dem bayerischen Landesbischof hat die Synode der EKD einen profilierten Sozialethiker und öffentlichen Theologen an die Spitze des Rates gewählt, dem wir in Fragen wie der Bewahrung der Schöpfung und dem starkem Engagement für eine gerechtere Gesellschaft eng verbunden sind.«

In den Tagen der Antrittsbesuche kommt das Thema des Kirchenasyls neu auf. Wochen später endet es mit einer Verständigung zwischen Kirche und Politik und einer gemeinsamen Gesprächsplattform. Bedford-Strohm spricht es sicher in den Gesprächen an. Doch er zögert mit öffentlichen Reaktionen. Er setzt auf Verhandlungen, die dann auch zum Ergebnis führen. Nach dem Gespräch mit Göring-Eckardt geht er im Haus ein paar Flure weiter zu Norbert Lammert. Der Katholik ist als Bundestagspräsident nach dem Bundespräsidenten der zweithöchste Repräsentant des Staates. Und auch bei ihm kann der Ratsvorsitzende der EKD darauf hoffen, dass der Glaube eine Grundlage schafft, auf der man sich verständigen kann.

Am Abend stellt sich Bedford-Strohm den Journalisten – und überrascht sie. Er sagt, dass er sich als Schüler von Wolfgang Huber nicht erschöpfend beschrieben fühle. Eine Distanzierung?, fragen sich alle nachher. Das Rätsel bleibt unaufgelöst. Erst später im Auto sagt er, dass er das nicht als Distanzierung verstanden haben wollte. Die Bedeutung der Freundschaft mit seinem Vorvorgänger, Doktorvater und Paten seines Sohnes will er nicht mindern.

Im Februar macht sich Heinrich Bedford-Strohm auf nach Schweinfurt. In München, wo er wohnt, seit er 2011 zum Bischof gewählt wurde und wo das Landeskirchenamt ist, treffen sich gerade Politiker, Militärs und Sicherheitsberater aus der NATO und den großen Staaten zur jährlichen Sicherheitskonferenz. Straßen sind abgesperrt. Fahrer Ralf Meyer bleibt im Stau stecken. Der Bischof auf dem Rücksitz kann Mails beantworten. Der BMW hat WLAN. Meyer ruft im Schweinfurt an: Es wird später. Sie kommen erst nach eins an. Ihr Ziel ist die St.-Johannis-Kirche am Martin-Luther-Platz, das älteste Gebäude der Stadt. 800 Jahre Geschichte.

In der Kirche schaut Konrad von Seinsheim auf einen florierenden Restaurantbetrieb. Eine Hand greift ans Schwert zu seiner Linken. Die Sandsteinfigur des ersten frei gewählten Reichsvogtes von Schweinfurt hat ihren

Platz an einer der vier Säulen, die das Gewölbe mitten in der Kirche tragen, unter dem sich Längs- und Querschiff kreuzen. Konrad schaut über die Kirchenbänke und macht einen zufriedenen Eindruck. So, als wäre der Mann, der vor mehr als siebenhundert Jahren in dieser Kirche als Erster zu Grab getragen wurde, einverstanden mit dem sozialen Umbau, der hier im Kirchenschiff stattgefunden hat. Unter dem Gewölbe stehen Esstische, ebenso in den Querschiffen und vorne im Chor, bis fast ans moderne Altarbild. An jedem Tisch stehen sechs Stühle. Frauen in weißen Schürzen tragen Kasseler und Blumenkohl auf. An den Tischen sitzen Rentner, Schwestern vom nahen Krankenhaus, Männer in abgewetzter Kleidung und Verkäuferinnen aus den Läden der Innenstadt, die hinter dem Martin-Luther-Platz beginnt. Und ein paar Männer mit smarten Frisuren und in Schlips und Kragen. Am Eingang zahlt jeder einen Euro fünfzig, wer kann, auch mehr. Ein Helfer geleitet ihn dann zu den Bänken im Langhaus. Es ist voll. Der Andrang ist viel größer, als die Planer am Anfang geschätzt oder gehofft haben. Die Leute warten, bis vorne ein Platz am Tisch frei wird. Wer gegessen hat, steht auf und geht hinüber ins linke Querschiff. Da gibt es Kaffee und Kuchen. Alles im Preis inbegriffen.

St. Johannis ist die erste Vesperkirche in Bayern. Nach dem Vorbild der Leonhardskirche im Stuttgarter Bohnenviertel hat sich ein Vorbereitungskreis daran gemacht, Leute aus allen sozialen Schichten zusammenzubringen, zu Essen, Kuchen und Kaffee und zum Reden. »Unterschiedliche Welten treffen aufeinander und bereichern sich gegenseitig«, heißt es in einem Flyer. Mit 250 Mahlzeiten am Tag haben die Verantwortlichen gerechnet. Nach dem Mittag werden es heute 489 Essen sein. In aller Eile mussten die Leute der Kirchengemeinde und des Diakonischen Werks 50 Helfer pro Tag suchen. Und Betriebe um Mithilfe bitten. Viele haben mitgemacht. Wärmen Essen, tragen es auf, haben Werbeflyer gestaltet oder den Druck finanziert. Wer sich beteiligt, kann mit dem Logo der Vesperkirche werben.

Jeden Tag um halb eins gibt es eine Unterbrechung. Einer der Pfarrer steigt auf die Kanzel und spricht ein »Wort in der Mitte«. Heute ist ein besonderer Gast angesagt. »Sie haben ein Geheimnis daraus gemacht«, raunt die Banknachbarin beim Warten. »Es ist ganz a Großer, ich glaub, es ist der Chef von der Caritas.« Sie ist 72 und war schon zweimal hier. »Es kommen auch vornehme Leute mit viel Geld«, erzählt sie. »Die spenden dann halt. Die Kirch braucht ja Geld.« So voll wie heute hat sie es noch nicht erlebt. Es ist Freitag. Am kommenden Montag wird die Vesperkirche für dieses Jahr schließen.

Um viertel nach eins kommt Heinrich Bedford-Strohm mit entschlossenem Schritt durch den Mittelgang. Dunkelgrauer Anzug, weißes Kollarhemd. Das Klappern der Teller und Bestecke ebbt ab. Bedford-Strohm erklimmt die frühbarocke, geschnitzte und vergoldete Kanzel, und die Essenden drehen ihre Stühle zu ihm um. Während seiner ersten Sätze wird es still. »Ich freue mich über eine volle Kirche!«, ruft er, mannshoch über den Köpfen. Unter der Kanzel steht bockbeinig und flammrot ein leerer Kinderstuhl. Bedford-Strohm zitiert Petrus, der Jesus fragt: »Wohin sollen wir gehen? Du hast Wort des ewigen Lebens, und wir haben geglaubt und erkannt, dass du der Christus bist.« Pause. Dann: »Wohin wollen wir mit unserem Leben?« Bevorzugen wir den Weg des privaten Genießers? Klar, dass er sich dafür nicht erwärmen kann. Oder den des aufgeklärten Humanisten? Das sind Begriffe der Predigt aus dem Jahr 2001 in Coburg.

Wahrscheinlich würde die Hälfte des Publikums nie von privaten Genießern und aufgeklärten Humanisten sprechen. Bedford-Strohm nimmt die Begriffe, in denen er denkt, gern mit auf die Kanzel. Aber bei ihm stören sie nicht und schaffen keine Distanz, wie es sonst schnell geschieht. So engagiert, so zugewandt, wie er sie einsetzt, bauen sie Brücken. Wer sie nicht versteht, der begreift im nächsten Satz, worum es ihm geht. Oder er lässt sich von Bedford-Strohms Optimismus mitreißen.

»Ich habe Respekt vor jedem, der diesen Weg einschlägt«, sagt Heinrich Bedford-Strohm über die, die ohne Gott Gutes tun wollen. »Warum bin ich selbst mit diesem Weg nicht ganz zufrieden?« fragt er und gibt die Antwort: »Ich könnte die Hoffnung verlieren, bei so viel Armut und so viel Gegenmacht.« Der Glaube lasse einen dankbar leben, auch bei Rückschlägen: »Dankbar dafür, dass ich aufstehen kann, dass ich in die Vesperkirche gehen kann und Menschen treffen. Und auch dafür, dass wir uns vergeben lassen und selbst vergeben.« Das Leben werde schöner, wenn wir auch auf andere sehen »und wenn wir das in der Tiefe der Seele begreifen.« Er zeigt auf die Helferinnen, die sich an der Essensausgabe versammelt haben und zuhören. »Diese weißen Schürzen zeigen an, dass da Menschen sind, die sich für Sie einsetzen.« Beifall brandet auf. »Ich könnte jetzt noch lange weitermachen«, sagt er. Irgendwie teilt sich die Begeisterung mit. Wie schafft er das nur, gute Stimmung im Raum zu verbreiten? Anschließend setzt er sich an einen Tisch, fragt seine Nachbarn und hört konzentriert zu. Immer wieder muss er zwischendurch aufstehen und Hände schütteln. Es sind viele Hände.

Neugierig und interessiert lässt sich Bedford-Strohm anschließend das Programm erklären. Montags misst die Sozialstation hier kostenlos Blutdruck. Donnerstags ist Pflegeberatung. Heute, am Freitag, schneiden Elfriede Koch und Elisabeth Thieme kostenlos Haare. Der Bischof lässt sich fotografieren. Er heftet sein Foto an eine Pinnwand und schreibt auf eins der Papiere zum Anpinnen: »Ich mag die Vesperkirche, weil sie ein wunderbarer Ausdruck meiner Vision von Kirche ist.«

Um drei steigen alle 50 Helferinnen und Helfer die enge, steinerne Wendeltreppe zur Orgelempore hoch. Nachbesprechung im großen Stuhlkreis. Ein Karton mit Süßigkeiten und Überraschungseiern geht herum. Helfer berichten von der geradezu unterwürfigen Dankbarkeit am Anfang und davon, dass die Gäste immer selbstbewusster geworden sind. Dass manche inzwischen Ansprüche stellen. Dass es ein hartes Stück Arbeit war, dem sprunghaft steigenden Bedarf nachzukommen. Aber dass es sich gelohnt hat. »Man taucht hier ein in eine Atmosphäre von Heiterkeit und Willkommen, in eine einladende Atmosphäre«, berichtet Bedford-Strohm. »Das finde ich so toll an der Vesperkirche, dass sie eine einladende Kirche ist. Es ist das, was Jesus selbst praktiziert hat. Und was ich unter Ihnen erlebe, das inspiriert auch mich: Dass Sie an andere denken. In den Zeitungen lesen wir oft: Es geht den Bach hinunter, und jeder denkt nur an sich. Heute habe ich unter Ihnen ein lebendiges Gegenbeispiel erlebt: Dass sich so viele Menschen für andere und für ihre Stadt engagieren. Weil sie spüren, dass das eine tolle Sache ist. Vielleicht können Sie selbst auch beschenkt nach Hause gehen, weil Sie gemerkt haben: Sie konnten auch Menschen etwas geben.«

Er denkt einen Augenblick öffentlich nach: Man muss überlegen, wie man eine solche Erfahrung einbringen kann »in eine Gesamtvision der Kirche. Denn das beschäftigt mich in den nächsten Jahren: Wie kann unsere Kirche in die Zukunft gehen?« Unversehens nimmt er den Stuhlkreis mit in seine Überlegungen: »Es muss eine Kirche für alle sein, nicht für bestimmte Milieus. Alle müssen willkommen sein. Und es muss, wie Dietrich Bonhoeffer gesagt hat, eine Kirche für andere sein, die sich nicht nur um sich selbst dreht, sondern die weiß, dass die Liebe zu Gott und die Liebe zu den Menschen untrennbar zusammengehören. Und es muss eine Kirche sein, die Freude macht. Manchem, der heute kam, ging es nicht gut. Aber er konnte den Seelsorger sprechen, oder er traf Menschen, denen es ähnlich geht. Das meine ich: die Freude, die Jesus in den Seligpreisungen anspricht.«

Es ist, als ob von vielen die Anstrengung abfällt, die die letzten Stunden gekostet hat. Sie berichten, und der Bischof will hören, was sie erlebt haben. Sie werden von diesem Tag mitnehmen, dass sie nicht bloß in der ältesten Kirche Schweinfurts Leute bedient haben. Sondern dass sie Teil einer Kirche von morgen geworden sind.

Zwischendurch sagt er entwaffnend offen: »Ich weiß, dass ich die Dinge manchmal zu positiv sehe.« Später darauf angesprochen, im Auto, überlegt er einen Moment. Dann sagt er: »Ja, das mag so sein.« Auf einem Fragebogen hat er einmal als Schwäche angegeben: Niemand enttäuschen zu wollen. »Ich möchte ermutigen«, sagt er. »Das ist wichtiger als alle Bedenken.«

Das gilt auch im Blick auf die Grenzen, die in der evangelischen Kirche gern gezogen werden. Zu Konservativen, zu Evangelikalen. Für Heinrich Bedford-Strohm sind diese Grenzen unwichtig. Dafür hat er zu viel von anderen Frömmigkeitsstilen gelernt, auch wenn sie nicht seine eigenen waren.

An einem Samstag im September 2014, einen guten Monat vor seiner Wahl zum Ratsvorsitzenden der EKD, macht sich Heinrich Bedford-Strohm auf nach Erlangen. Ralf Meyer, sein Fahrer, steuert den grauen Fünfer-BMW zur Franconian International School. Gefördert vom Sportkonzern Adidas bildet die private Schule knapp 600 Kinder von Spitzenkräften aus, die aus allen möglichen Ländern in die wirtschaftsstarke Region kommen. Doch heute interessiert ihn nicht die Schule, sondern ihre neue Mieterin. Das ist die Elia-Gemeinschaft, eine ökumenisch offene Gruppe mit charismatischem Einschlag innerhalb der Landeskirche. Sie selbst bezeichnet sich als eigenständige Gemeinde in der bayerischen Landeskirche. Ihr besonderes Anliegen ist »die

Verbreitung des Evangeliums unter Menschen, die keinen oder keinen regelmäßigen Kontakt zu einer christlichen Gemeinde haben«. So steht es in der Vereinbarung, die die Gemeinschaft mit der Landeskirche geschlossen hat.

Der Bischof lässt den Talar im Koffer. Das Kollarhemd mit dem weißen Streifen am Hals – bei Katholiken heißt er »Kalkleiste« – reicht. Der Besuch wird eine beflügelnde Begegnung, schreibt Gemeindeleiter Peter Aschoff, ein Prädikant der Landeskirche, später auf seinem Blog. Peter Aschoff ist in der evangelikalen Szene bekannt. Konservative beäugen ihn kritisch wegen seiner ökumenischen Offenheit. Die hat er schon bei seinem Vater kennen gelernt, dem bayerischen Pfarrer Friedrich Aschoff. Der war Vorsitzender der charismatischen Gemeindeerneuerung in der evangelischen Kirche. Peter, der Sohn, ist anerkannt als einer der Köpfe einer Bewegung namens »Emergent«, aufstrebend. Die Bewegung bringt christliche Gruppen zusammen, die wachsen wollen und deshalb überkommene Formen des Christentums infrage stellen. Darunter sind eher freikirchliche Gruppen und solche, die in den großen Kirchen nach Expansionsmöglichkeiten suchen.

Zwei Bewegungslieder im Gottesdienst, also Popsongs, zu denen die Gemeinde Arme schwenkt und sich im Takt wiegt, hätten dem Bischof keine Mühe gemacht, freut sich der Gastgeber. »Und bei den Fürbitte-Gebeten in kleinen Gruppen saß er, ehe ich mich versah, mit drei Jugendlichen ganz vertieft auf dem Fußboden – keine Spur von Distanz oder Herablassung, die sogar bei einfachen Amtsträgern gelegentlich vorkommt«, erzählt Aschoff auf seinem Blog und fügt hinzu: »Da war ich dann einen heiligen Moment lang wirklich sprachlos.« In der Predigt über das Jesuswort vom neuen Wein in alten Schläuchen wirbt der Bischof für ein gutes Miteinander ohne Abwertung und Konkurrenz. Er spricht über Probleme, wenn Alte und Junge aufeinandertreffen: »Es ist egal, ob ihr alte oder neu Schläuche nehmt, aber lasst den Wein des Glaubens, der Liebe und der Hoffnung durchfließen. Lasst die Armen und die Reichen davon schmecken. Lasst die Traurigen und die Frohen sich daran laben. Schickt niemand weg, auch wenn er keine Ahnung hat, wie man den Schlauch anfasst. Und bleibt beieinander; gönnt Euch einander. Wachst über euch hinaus und geht in die Welt und seid Salz der Erde.« Das sind Sätze, die man hier versteht und genießt. Später fragen ihn Jugendliche nach seinem Lieblingsvers aus der Bibel. Bedford-Strohm nennt den Satz aus dem 2. Korintherbrief 3,17: »Der Herr aber ist der Geist, und wo der Geist wirkt, da ist Freiheit.« Das und das anschließende Gespräch hinterlassen Eindruck bei Aschoff: »Er redet mit Begeisterung. Der Geist Gottes spielt für ihn eine wichtige Rolle.« Dass er mit Jugendlichen frei gebetet hat, das wirkt noch lang nach. Er hat das alles vor Jahren kennen gelernt, in der schwarzen Gemeinde von Richard Wallace in Oakland. Es ist ihm vertraut, auch in solche Frömmigkeitsformen einzusteigen. »Das hat mir Freude gemacht«, sagt er, als er im Interview auf den Besuch in Erlangen angesprochen wird. »Ich finde gut, dass die Grenzen zwischen Frömmigkeitsstilen durchlässiger geworden sind.« Das gilt für ihn, auch wenn das freie Gebet nicht seine eigene Form ist. Und wenn es, wie er sagt, auch zur Masche werden kann. Er hofft aber, dass die Evangelische Kirche alte Fronten zwischen Evangelikalen und Liberalen, zwischen Herzensfrommen und Kulturprotestanten hinter sich lassen kann. Und er würdigt die evangelikale Frömmigkeit, weil sie zum Ausdruck bringen kann, »dass wir glücklich darüber sind, was Gott uns schenkt.«

Nach seiner Wahl zum Landesbischof hat er gesagt, dass er Aufbrüche in der Kirche unterstützen möchte. Wochen später ist er beim Arbeitskreis Bekennender Christen in Bayern zu Gast und dankt ihm für seine Kritik aus konservativen Quellen. Der Kreis nehme die Grundlagen des Christseins sehr ernst und könne der Kirche helfen, dass bei allem Reden der Kirche deutlich bleibe, welche geistlichen Grundlagen dahinter stünden. »Da können Sie uns Beine machen«, sagt Heinrich Bedford-Strohm. Der Satz geht durch die Nachrichten der evangelikalen Gruppen in Deutschland. Er schafft Vertrauen, denn die Gruppen fühlen sich und ihr Anliegen ernst genommen. Mit Lust diskutiert er kontrovers. Aber Abgrenzungen sind ihm kaum zu entlocken. Heinrich Bedford-Strohm will aufbauen.

Und wertschätzen. Am 5. Februar 2015 veröffentlicht er auf *Facebook* ein Foto. Er steht neben einer älteren Frau im roten Shirt. »Das ist Frau Martin«, schreibt er, »die Hauswirtschaftsleiterin der Evangelischen Tagungsstätte Bad Alexandersbad, in der wir seit gestern zur Landeskirchenratsklausur zusammengekommen sind. Vor fast 50 Jahren hat sie dort angefangen. Jetzt steht sie kurz vor dem Ruhestand. Sie sorgt mit ihrem Team dafür, dass die

Menschen sich hier an Leib und Seele wohlfühlen. (Der Nachtisch aus Sahnequark und gerösteten Haferflocken ist Legende!) Sie ist für mich eine der vielen Heldinnen des Alltags in unserer evangelischen Kirche.« Der Eintrag wird 210-mal mit »Gefällt mir« markiert. Das letzte »Gefällt mir« stammt von der Bundestagsabgeordneten Kerstin Griese. Der Post wird viermal geteilt und hat 16 Kommentare. Im letzten berichtet eine Besucherin, dass Frau Martin sie nach einem Jahr beim Wiederkommen mit Namen angeredet hat.

So etwa will Bedford-Strohm seine Kirche führen, die bayerische wie die EKD. Kann man das durch Hinsehen, Würdigen und Wertschätzen? Löst das Konflikte? »Man muss argumentieren, aber mit Interesse für den anderen«, sagt Heinrich Bedford-Strohm. So hat er sich bisher durchgesetzt. Noch einmal kommt er auf den »transformativen Führungsstil« zu sprechen, der nach seiner Ansicht kirchengemäß ist und den er als Professor für sich entdeckt hat. Der Begriff bezeichnet ein Modell, so sagt Wikipedia, bei dem »die Geführten Vertrauen, Respekt, Loyalität und Bewunderung gegenüber der Führungskraft empfinden und dadurch überdurchschnittliche Leistungen erbringen.« Sein Kerngedanke stammt von dem Politologen und Pulitzer-Preisträger James McGregor Burns. Es legt Wert – Kritiker sagen: zu viel Wert – auf die persönliche Beziehung zwischen den Agierenden. Aber persönliche Beziehungen scheinen gerade Bedford-Strohms größte Stärke zu sein.

Die pflegt er, in der Kirche und darüber hinaus. Deshalb fährt er im Februar nach Veitshöchheim zur Fastnacht in Franken. Die ist eine der größten Fastnachts- und Karnevalssitzungen in Deutschland. Er sitzt vorn, da, wo sich Günther Beckstein und Markus Söder, der bayerische Finanzminister und Kronprinz der CSU, jedes Jahr einen Wettbewerb um die schrillste Verkleidung liefern. Dieses Jahr ist Beckstein als Froschkönig gekommen und Söder als Mahatma Gandhi. Bedford-Strohm hat schon vorher gesagt, dass er sich ein paar Luftschlangen umwerfen wird, aber nicht mehr. Doch er schunkelt mit den Größen aus Partei, Wirtschaft und Kultur, als nach drei Stunden und 14 Minuten Supernarr Michl Müller aus Schweinfurt die Schlussnummer intoniert: »Weißt du, warum ich bei dir bleibe? Du hast eine Ingwerreibe.«

Der öffentliche Theologe:
»Nicht im Möglichen schweben, das Wirkliche tapfer ergreifen«

»Der öffentliche Theologe« titelte die *Frankfurter Allgemeine Zeitung,* als Heinrich Bedford-Strohm zum Ratsvorsitzenden der EKD gewählt worden war. Kein Begriff ist so eng mit ihm verbunden wie der der »Öffentlichen Theologie«. Was ist und was will Öffentliche Theologie? Gibt es auch private Theologie? In der Tat, sagt Bedford-Strohm. Als er von 1981 bis 1988 in Erlangen, Heidelberg und Berkeley Theologie studierte, sei es hoch umstritten gewesen, ob sich die Kirche zu politischen Fragen zu Wort melden sollte. Die Öffentliche Theologie beantwortet die Frage nach dem Ob mit einem klaren Ja. Der Begriff »Öffentliche Theologie« wurde durch seinen Freund und Doktorvater Wolfgang Huber geprägt. Heinrich Bedford-Strohm hat ihn übernommen und weiterentwickelt.

Sollen sich Kirchen in die Politik einmischen? Diese Frage hat vor allem die Nachkriegszeit geprägt. Die großen Kirchen, aber auch die kleinen Freikirchen, sind heute einig, dass sie sich im Dritten Reich zu schnell und zu sehr angepasst haben oder weggeschaut und dem NS-Unrechtsstaat zu wenig Widerstand entgegensetzten. Seit den Sechzigerjahren führte diese Erkenntnis auch zu neuen theologischen Konzepten. In der katholischen Kirche gehörte Johann Baptist Metz in Münster zu den Vorkämpfern einer politischen Theologie. Sie war in der katholischen Kirche hoch umstritten. Metz' damaliger

Kollege Joseph Ratzinger hat Ende der Siebzigerjahre als Erzbischof von München und Freising sogar dabei mitgeholfen, den Wechsel des ehemaligen Kollegen von Münster auf einen Münchner Lehrstuhl zu verhindern. Das war ein akademischer Skandal, auf den Metz' Lehrer, der berühmte Karl Rahner, eine publikumswirksame Einlassung unter dem Titel »Ich protestiere« veröffentlichte.

In Tübingen hatte schon 1964 der evangelische Theologe Jürgen Moltmann seine »Theologie der Hoffnung« herausgebracht. Das Werk wurde zu seinem wichtigsten Titel. Es setzt sich mit dem Buch »Prinzip Hoffnung« des Philosophen Ernst Bloch auseinander. Aber es stellt Blochs Vorstellung einer »Welt ohne Gott« den »Gott der Hoffnung« aus dem Römerbrief entgegen. Moltmann pflegte den Dialog mit der »Theologie der Befreiung«, die sich vor allem in Lateinamerika mit seinen schreienden Gegensätzen zwischen Arm und Reich und dem Kampf zwischen Demokraten und Militärs etabliert hatte. Heinrich Bedford-Strohm lernte die »Theologie der Befreiung« während seines Studiums in den USA kennen. Nicht zuletzt dort bildete sich der Gedanke heraus, den er später so formuliert hat und der eine erste Antwort sein kann auf die Frage, was man sich unter Öffentliche Theologie vorstellen müsse: Die Öffentliche Theologe ist, so Bedford-Strohm, eine Befreiungstheologie für eine demokratische Gesellschaft.

Wovon und wozu muss eine Wohlstandsgesellschaft befreit werden? Zum Beziehungswohlstand, antwortet Bedford-Strohm. »Wir müssen frei werden von der Fixierung auf materielle Werte, und wir müssen befreit werden zur Freiheit eines Christenmenschen, wie sie Martin Luther sinngemäß so formuliert hat: Im Glauben ein freier Herr über alle Dinge und in der Liebe ein dienstbarer Knecht aller Menschen.« Kurz kommt er auf Südafrika zu sprechen, das Land, in dem er eine außerplanmäßige Professur wahrnimmt. Dort haben Christen die politische Unabhängigkeit mit erkämpft, mit ihrem Einsatz und mit ihrer Befreiungstheologie und einer Fundamentalkritik an ihrem Staat, der die Menschen nach Rassen aufspalten wollte. »Jetzt müssen sie sich fragen, wie sie die Option für die Armen im Aufbau des Staates durchsetzen.«

Öffentliche Theologie, so sagt Bedford-Strohm, »befasst sich mit den grundlegenden Orientierungsfragen, die moderne demokratische Öffentlichkeiten beschäftigen, häufig versteckt hinter konkreten politischen Entscheidungssituationen.« Er mache die Erfahrung, dass die Kirchen und Religionsgemeinschaften mit ihrem Orientierungswissen in der Gesellschaft gefragt seien. Aber die Kirchen müssten sich schon deshalb äußern, weil ihr Glaube an die Öffentlichkeit gehen wolle. Der Glaube, so ist Bedford-Strohm überzeugt, geht nicht in der persönlichen Frömmigkeit auf und darf sich nicht ins Private zurückziehen. Darin habe genau der Fehler vieler evangelischer Christen und Kirchen im Dritten Reich bestanden. Glaube habe immer Konsequenzen für die Gestaltung des öffentlichen Lebens.

Heute streiten sich Kirchenmitglieder kaum noch über das Ob, sondern nur noch über das Wie der politischen Äußerungen der Kirche. Heinrich Bedford-Strohm ist Mitglied der SPD, aber er lässt seine Mitgliedschaft ja ruhen. Kann er auch für konservative evangelische Christen sprechen? Das mit der SPD, sagt er, spielt für ihn keine grundlegende Rolle. Erst recht nicht jetzt, in einem kirchlichen Amt. Aber er ist überzeugt, dass sich Christen auch politisch engagieren sollen. Und in Parteien, denn nur da können sie die politische Kultur mitgestalten. Als eine Interviewerin ihn einmal mit kritischem Unterton nach der Parteizugehörigkeit fragt, kommt einer der seltenen Momente, in denen er Spuren von Ärger zeigt: »Kann man nicht endlich einmal damit aufhören, alles durch Parteibrillen zu sehen? Es geht um die Sache des Evangeliums! Parteien sind immer nachgeordnet.«

Wichtiger als die Parteizugehörigkeit ist für ihn, dass sich Christen auf dem Fundament des Evangeliums öffentlich engagieren. Er sieht den grundlegenden Orientierungsbedarf deshalb auch bei Fragen, deren Antwort ethisch gut begründet sein muss: »Bioethische Themen gehören genauso dazu wie die Debatte um soziale Gerechtigkeit, die ethische Legitimität der Nutzung von Kernkraft oder die Frage nach der Berechtigung militärischer Gewalt.« Doch Öffentliche Theologie geht über Grundsatzfragen hinaus: »Öffentliche Theologie erhebt durchaus den Anspruch, über die distanzierte Grundsatzkritik an den gesellschaftlichen Verhältnissen hinaus Wegweisungen für die Politik zu geben, die auch tatsächlich Politik möglich machen.« Dafür muss sie verständlich sein: »Öffentliche Theologie will eine Antwort geben, die die Öffentlichkeit auch verstehen kann. Sie kann also weder allein in theologischer Binnenrhetorik formuliert werden noch kann sie in ihrem Eingehen auf die Situation der Moderne kritiklos alles nachsprechen, was die säkulare Debatte hervorbringt.«

Wie positioniert sie sich zwischen Kritik am Bestehenden und der Suche nach Lösungen? Dazu braucht Öffentliche Theologie vor allem Augenmaß. »Prophetische Kritik und Politikberatung stehen daher nicht im Widerspruch zueinander, sondern brauchen einander, um weder im Bestehenden aufzugehen noch das Bestehende zu ignorieren«, sagt Bedford-Strohm. Aus dem Satz spricht Dietrich Bonhoeffer. Der hatte sich im Dritten Reich Gedanken gemacht, wie Christen Maßstäbe gewinnen und wie sie von da aus den Staat und das Handeln von Regierungen beurteilen können. Sein Maßstab war das Wirklichkeitsgemäße. Es bezeichnete einen Weg zwischen zwei Extremen. Auf der einen Seite widersprach Bonhoeffer der Ergebenheit gegenüber dem Faktischen, wie sie die Nationalsozialisten zelebrierten: Der Wille des Führers war Gesetz, was er tat, war dadurch gerechtfertigt, dass er es tat. Im Dritten Reich wurde es als »gesundes Volksempfinden« legitimiert, wenn SA und SS jüdische Geschäfte verwüsteten.

Davor dürfe man nie kapitulieren, forderte Bonhoeffer. Christen könnten angesichts von Unrecht und Ungleichheit auch nicht in eine bessere Traumwelt fliehen, auch dann nicht, wenn sie an den Zuständen unmittelbar wenig ändern können. In einer Zeile seines Gedichts »Stationen auf dem Weg zur Freiheit« hat Bonhoeffer diesen Maßstab in einen Satz gefasst: »Nicht im Möglichen schweben, das Wirkliche tapfer ergreifen«.

Ein Christ kann sich auf gar keinen Fall heraushalten. Auch das hat Bedford-Strohm bei Bonhoeffer studiert. Weil Christus die ganze Welt versöhnt hat, finden Christen die Gotteswirklichkeit nur, wenn sie sich ganz auf die Weltwirklichkeit einlassen. Bonhoeffer hat das ziemlich plastisch ausgedrückt: »Auf der Flucht vor der öffentlichen Auseinandersetzung erreicht dieser und jener die Freistatt einer privaten Tugendhaftigkeit. Er stiehlt nicht, er mordet nicht, er bricht nicht die Ehe, er tut nach seinen Kräften Gutes. Aber in seinem freiwilligen Verzicht auf Öffentlichkeit weiß er die erlaubten Grenzen, die ihn vor dem Konflikt bewahren, genau einzuhalten. So muss er seine Augen und Ohren verschließen vor dem Unrecht um ihn herum. Nur auf Kosten eines Selbstbetruges kann er seine private Untadeligkeit vor der Befleckung durch verantwortliches Handeln in der Welt rein erhalten.«

Bedford-Strohm sieht vier Felder, auf denen Öffentliche Theologie ihr Profil zeigen kann.

1. Das pastorale Feld: Die deutsche Geschichte hat es mit sich gebracht, dass der Staat des Grundgesetzes sich zurückzieht, wenn die Gesellschaft trauert. Als im Jahr 2010 die Love Parade in Duisburg 21 Todesopfer forderte, veranstalteten die evangelische und die katholische Kirche einen ökumenischen Trauergottesdienst für die Angehörigen der Opfer und für die traumatisierten Helfer. Die nordrhein-westfälische Ministerpräsidentin Hannelore Kraft war zu Gast und sprach ein Grußwort. In diesem gesellschaftlichen Dienst, sagt Heinrich Bedford-Strohm, vollzieht sich Öffentliche Theologie. Sie ist mit ihrem

Angebot mitten in der Gesellschaft präsent: »Sie bringt zum Beispiel auch die persönliche Not derer, die von Sozialkürzungen betroffen sind, in die Öffentlichkeit. Sie stärkt diejenigen öffentlich, die aufgrund politischer Maßnahmen verzweifelt sind, und ist deswegen eine Form von Seelsorge. Sie stärkt aber auch diejenigen, die politische Verantwortung tragen und sich täglich mit Dilemmasituationen konfrontiert sehen, die auch persönlich belastende Formen annehmen können. Sie stärkt ihnen den Rücken, wenn sie sich mit einer dumpfen Aversion gegen die politische Welt konfrontiert sehen, bei der die Lehnstuhlkritik den Vorrang hat gegenüber kritisch-konstruktiver Mitgestaltung.«

2. Öffentliche Theologie ist es auch, wenn der Ratsvorsitzende der Evangelischen Kirche bei Maybrit Illner oder bei *Hart, aber fair* über Rechtsextremismus oder die Verantwortung von Unternehmen diskutiert. Grundsätzlich zählt es für Bedford-Strohm zur Öffentlichen Theologie, wenn sich ein evangelischer Christ als Mitglied seiner Kirche öffentlich zu Wort meldet. Es muss nicht immer ein Bischof sein. Denn nach evangelischem Verständnis sind alle Christen grundsätzlich gleich viel Kirche. Wichtig ist ihm dabei, dass es dabei nicht um die Geltung kirchlicher Dogmen geht. Sondern um Argumente und – auch das betont er – um Inspiration. Denn was Christen in der Gesellschaft sagen, soll ja alle überzeugen. Neben ihren Argumenten zählt auch ihr Engagement, ihre Begeisterung und ihre Authentizität. Christen mit Leidenschaft zur Politik inspirieren die Gesellschaft. Vielleicht deshalb hört man

Bedford-Strohm nicht oft über die Interessen von Kirchen reden, etwa die Kirchensteuer oder das Selbstbestimmungsrecht, das die Kirchen im Grundgesetz genießen. Er achtet darauf, dass die Verhältnisse gewahrt bleiben und die Kirchen nicht zuerst als Lobby für die eigenen Belange in Erscheinung treten.

3. Das dritte Feld nennt Bedford-Strohm »Politikberatung«. Dazu veröffentlicht die Evangelische Kirche Denkschriften und Stellungnahmen zu sozialen, politischen und kulturellen Fragen, öfter als die Katholische. »Da ist größtmöglicher Sachverstand gefragt«, sagt er. Zur Erarbeitung der Texte beruft die Evangelische Kirche in Deutschland Kammern. Bedford-Strohm selbst hat viele Jahre in der Kammer für soziale Ordnung mitgearbeitet, zuletzt als stellvertretender Vorsitzender. Den Vorsitz dieser Kammer hat bewusst kein Theologe, sondern der Ökonomieprofessor Gustav Adolf Horn. Zu den Mitgliedern gehören Unternehmer, Gewerkschafter, Politiker und Wissenschaftler. Die Kirche bietet sich so als Raum zum Austausch an, wo Funktionäre aus ihrer Rolle heraustreten und Gruppeninteressen in die zweite Reihe stellen können, um gemeinsam Fragen der sozialen Ordnung anzugehen – ein Dienst, den keine gesellschaftliche Gruppe so wie die Kirchen anbietet. In größerem Maßstab nehmen Kirchen- und Katholikentage eine ähnliche Rolle ein. Der alle zwei Jahre stattfindende Evangelische Kirchentag ist mit mehr als 100.000 Teilnehmern das größte Forum des gesellschaftlichen Austausches in Deutschland – und auch deshalb bei Politikern beliebt.

Heinrich Bedford-Strohm widerspricht der Ansicht, dass gerade dieses Angebot der Kirchen auf immer weniger Verständnis stößt. Umfragen sagen, dass Menschen von der Kirche erwarten, dass sie in Krisen und Entscheidungen da ist, aber weniger, dass sie sich auch politisch engagiert. Der neue Ratsvorsitzende hält dagegen. Allerdings müssen Bischöfe fachlich Ahnung haben, wenn sie sich in einem solchen Rahmen zu Wort melden. Wenn nicht, sagt Bedford-Strohm, »kann Zurückhaltung oder auch Schweigen der bessere Weg sein.«

4. Besonderes Gewicht hat für ihn aber der Teil der Öffentlichen Theologie, den er die »prophetische Dimension« nennt. Sie ist ihm wichtig, weil sie tief in der Bibel verankert ist. Die Propheten des Alten Testaments haben ihre Könige, Machthaber und Völker zu Gerechtigkeit gegenüber den Armen ermahnt. Wenn Menschen durch das soziale Netz fielen, wurden aus ihrer Sicht der Glaube und die Religion missachtet. So sagt es etwa der Prophet Amos: »Ich bin euren Feiertagen gram und verachte sie und mag eure Versammlungen nicht riechen. Und wenn ihr mir auch Brandopfer und Speiseopfer opfert, so habe ich keinen Gefallen daran und mag auch eure fetten Dankopfer nicht ansehen. Tu weg von mir das Geplärr deiner Lieder; denn ich mag dein Harfenspiel nicht hören! Es ströme aber Recht wie Wasser und die Gerechtigkeit wie ein nie versiegender Strom.« (Amos 5,21–24) Prophetisches Reden ist aber nicht einfach. Dazu muss zum Beispiel das moralische Problem offensichtlich sein. Dann kann der Prophet den Skandal sichtbar machen und sich

für die einsetzen, die darunter leiden. Wichtig ist auch, wer prophetisch redet und mit welcher Autorität. Das könne, so Heinrich Bedford-Strohm, der von der Gemeinde beauftragte Pfarrer sein, der in seiner Predigt Missstände benennt. Oder der Bischof, der von seiner Synode gewählt wurde und damit beauftragt ist, als Vertreter der Kirche in der Gesellschaft zu agieren. Prophetisches Reden, betont Bedford-Strohm, sei aber mehr eine Sache von Personen als von Gremien. Denn Gremien müssten Kompromisse finden: »Die plural zusammengesetzten Gemeinden oder kirchlichen Gremien sind deswegen umso mehr darauf angewiesen, dass die von ihnen mit einem Amt betrauten Personen zuweilen auch prophetisch reden und damit jenseits aller Kompromisse und Klugheitserwägungen in der Tradition der biblischen Propheten ein klares Wort sprechen.« Auch gehört es zur prophetischen Kritik, dass der Kritiker sich klug beschränkt. Zu oft geübt, verliert sie an Kraft. Prophetische Worte müssen die Ausnahme bleiben. Und weil sie Menschen vor den Kopf stoßen können, dürfen sie sich nicht in Anklagen oder gar Beleidigungen erschöpfen. Ein Prophet lässt keinen Frust ab. Er muss vielmehr eine Wahrheit sichtbar machen, und zwar so, dass man sie einsehen kann. Dann kann der Ärger über die Kritik und den Kritiker zur Suche nach Lösungen führen. Denn prophetisches Reden soll der Verständigung den Weg ebnen und nicht verbauen. Deshalb auch darf es nicht arrogant oder besserwisserisch daherkommen, sondern muss bescheiden bleiben. Die Kirche, die das prophetische Wort beansprucht, sollte deutlich machen, dass sie von keinem erhöhten moralischen Podest spricht und sich an der Lösung der Probleme beteiligt – durch Engagement, durch Gottesdienste, durch soziale Einrichtungen.

Öffentliche Theologie kann nach Bedford-Strom in diesen vier Feldern wirken. Um die genaue Wirkweise zu erklären, verwendet der Ratsvorsitzende drei Begriffe, die für das Denken Dietrich Bonhoeffers entwickelt wurden, um drei Ebenen der Öffentlichen Theologie zu beschreiben: Katheder, Kanzel und Rathaus. Das Katheder, also die Universität, ist der Platz, an dem die Öffentliche Theologie entwickelt und überdacht wird. Die Kanzel, also die Gemeinde, ist ihr Lebenszusammenhang und ihre Heimat. Die Kanzel, sagt Heinrich Bedford-Strohm, »verankert das, was Öffentliche Theologie erarbeitet, nicht nur in den Köpfen, sondern auch in den Herzen der Menschen, ja durch die Praxis der Frömmigkeit in den Tiefen der Seele.« Deshalb entscheidet der Weg vom Katheder zur Kanzel über das Gelingen. Das Rathaus steht für die Politik, die Regierungen, die Parlamente. Sie sind der Adressat der Öffentlichen Theologie, der Platz, wo ihre Botschaft Wirkungen zeigen soll, die allen zugute kommen, und wo die Kirche durch ihr Leben und ihre Arbeit klar macht, dass sie an Lösungen mitarbeitet.

Der Prophet:
Wacher Zeuge in der Gesellschaft

Öffentliche Theologie hat eine prophetische Aufgabe – Heinrich Bedford-Strohm wird nicht müde, das zu betonen. Bei seiner Abschiedsvorlesung als Professor in Bamberg hat er gesagt, dass ihm der prophetische Anteil an der Öffentlichen Theologie besonders wichtig sei: »Für die Propheten Amos, Jesaja oder Jeremia war nicht die Ausgewogenheit das vorrangige Ziel. Sie kamen auch nicht auf die Idee, eine möglichst verlässliche wissenschaftliche Expertise einzuholen, bevor sie sprachen. Sie brachten eine leidenschaftliche moralische Empörung zum Ausdruck, wo ganz offensichtliches Unrecht vor ihren Augen passierte, wo menschliche Verhaltensweisen in offensichtlicher Weise den Geboten Gottes widersprachen, wo etwa die Armen ausgebeutet wurden und schreiende Ungerechtigkeit mit Spiritualität und Kult übertüncht wurde.«

Der Gedanke des prophetischen Einspruchs kann sich auch auf Dietrich Bonhoeffer berufen. Von ihm ist der Satz überliefert: »Nur wer für Juden schreit, darf auch gregorianisch singen.« Das heißt: Die Kirche kann erst dann glaubwürdig Gottesdienst feiern, wenn sie wach in ihrer Gesellschaft lebt und sich für Menschen am Rand einsetzt, denen man die Teilhabe verweigert, die man ausgrenzt oder sogar ausschließt.

1933 hat Bonhoeffer das in einem Aufsatz noch verstärkt: »Wenn die Kirche den Staat ein Zuviel oder ein

Zuwenig an Ordnung und Recht ausüben sieht, kommt sie in die Lage, nicht nur die Opfer unter dem Rad zu verbinden, sondern dem Rad selbst in die Speichen zu fallen.«

Steht mit Heinrich Bedford-Strohm ein Prophet an der Spitze der evangelischen Kirche? In der Theologie werden mitunter Propheten und Priester einander gegenübergestellt: Priester stehen für die Ordnung und das Bestehende, Propheten für den Protest und den Aufbruch. Bedford-Strohm möchte diesen Gegensatz aufheben. Er spricht davon, dass, wer prophetisch redet, einen Auftrag der Gemeinde oder Kirche braucht. »Doch geht prophetisches Reden eher von der Person aus als von der Institution. Kirchliche Gremien sind – jedenfalls in einer Volkskirche – in der Regel so plural zusammengesetzt, dass es eines besonderen geisterfüllten Momentes bedarf, um gemeinsam zu prophetischer Klarheit zu kommen.« Deshalb sind Gremien seiner Ansicht nach darauf angewiesen, dass manche Mitglieder, denen sie ein Amt gegeben haben, »jenseits aller Kompromisse und Klugheitserwägungen in der Tradition der biblischen Propheten ein klares Wort sprechen.« Das kann man nicht planen, sagt er: »Mancher, der meinte, prophetisch zu reden, hat es doch nicht dahin gebracht.« Es kommt vor allen darauf an, andere mit der Wahrheit nicht bloß vor den Kopf zu stoßen: »Prophetisches Reden unterscheidet sich dadurch von der Beleidigung, dass die Angesprochenen die Wahrheit des Gesagten spüren können.«

Es gibt da eine Episode aus dem Jahr 2008. Bedford-Strohm, damals noch in Ahorn zuhause, predigt im Gottesdienst aus Anlass der gerade stattfindenden Bürgermeisterwahl. Sie beschäftigt die Menschen, also muss sie in der Kirche vorkommen. Eigentlich sollten die beiden Bürgermeisterkandidaten in der Kirche diskutieren. Aber das lehnt die CSU ab: Politik gehöre nicht in den Gottesdienst. Also gibt es nur eine Predigt von Bedford-Strohm. Der steigt auf die Kanzel und wirbt dafür, in Ahorn eine neue politische Kultur zu etablieren. Eine, die Auseinandersetzungen im Wahlkampf nicht scheut, aber die auf Verletzungen verzichtet. Nach der Wahl müssen sich alle wieder in die Augen schauen können. Es sollten keine dauerhaften Wunden zurückbleiben. Deshalb dürfe sich der Ort nicht in unversöhnliche Lager spalten, und am Ende sei Triumphgeheul fehl am Platz.

Das trifft ins Herz eines Dorfes wie Ahorn, in dem man nicht nur miteinander, sondern auch übereinander redet: »Nicht nur die Freundlichkeiten, auch die Gehässigkeiten treten zuweilen gehäuft auf. Es wird viel erzählt und gemutmaßt. Man redet nicht nur miteinander, sondern man redet auch übereinander. Ich vermute, sowohl der Pfarrer als auch der Bürgermeister könnten ein ganzes Buch über das schreiben, was schon alles über sie erzählt worden ist. Und es wäre vermutlich ein ziemlich amüsantes Buch.« Aber diese Art der Beziehungspflege in einem Dorf ist nicht nur amüsant. Sie kann auch verletzen, sagt der frühere Dorfpfarrer: »Sie kann diffamieren, im schlimmsten Falle kann sie zur Ächtung führen. Und meistens ist sie auch mit einem gehörigen Stück Selbstgerechtigkeit verbunden, weil das, worüber man sich empört, in der Regel immer dem Anderen zugerechnet wird.« Und von der Kanzel herab begründet er noch einmal, warum die Kirche sich in der hitzigen Wahlkampfzeit einschaltet: »Es gibt wenige Orte in der Gesellschaft, an denen Menschen zusammenkommen und sich auf ethische Maßstäbe verpflichten. Die Kirche ist ganz bestimmt ein solcher Ort, und deswegen ist es auch wichtig, dass sie das Evangelium öffentlich bezeugt – und gerade in Wahlkämpfen die Beteiligten auf die Einhaltung ethischer Maßstäbe der politischen Kultur verpflichtet.«

Mit diesem Verständnis setzt sich Bedford-Strohm auch für sozialen Ausgleich, die Rechte von Minderheiten und für das Kirchenasyl ein. Sein Ton klingt aber nicht kämpferisch, sondern versucht zu gewinnen. Mit denen, die er kritisiert, möchte er morgen Lösungen entwickeln können. Propheten von heute müssen zugleich Diplomaten sein. Spricht Bedford-Strohm darüber, verwendet er gerne das englischen Wort »*Witness*«. Das ist auf deutsch der Zeuge, etwa vor Gericht, oder sein Zeugnis. »Prophetische Rede muss in Verbindung mit den Menschen geschehen«, sagt Heinrich Bedford-Strohm. »Man muss ein verbundener Kritiker sein. Wenn ich es zur Masche mache, gegen die da oben zu sein, führt das zu nichts.«

In der Debatte über das Kirchenasyl widersprach der EKD-Ratsvorsitzende der Position von Bundesinnenminister Thomas de Maizière (CDU): Beim Kirchenasyl gehe es nicht darum, das Recht auszuhebeln, sondern um »einzelne sorgfältig ausgewählte Härtefälle«, für die rechtliche Lösungen angestrebt werden, argumentierte er. »In 95 Prozent der Fälle gelingt das auch«, sagte er nach seinem Antrittsbesuch bei de Maizière. Der hatte zuvor deutliche

Kritik an der Haltung der Kirche geübt und erklärt, er sei »prinzipiell und fundamental« gegen das Kirchenasyl. Die Zahl der Fälle war Anfang 2015 gestiegen. 411 Menschen hatten in Kirchen Schutz vor der drohenden Abschiebung gesucht. Bedford-Strohm hatte schon früher das Kirchenasyl verteidigt, in Bayern und auch nach seiner Wahl zum Ratsvorsitzenden. Jetzt, im Anschluss an eine Reise nach Ostasien, stellte er sich noch einmal hinter die Gemeinden, die in ihren Kirchen Asylbewerber vor der drohenden Abschiebung bewahren. Ende Februar erreichten die Kirchen mit dem Innenministerium einen Kompromiss: Ein halbes Jahr legen die Kirchen dem Bundesamt für Migration Fälle des Kirchenasyls zur Prüfung vor. Im Gegenzug hat das Amt die Abschiebefrist in schwierigen Fällen verlängert, so dass der Druck von den Betroffenen genommen wird.

Am Tag nach dem Kompromiss schreibt Bedford-Strohm auf *Facebook* über die Verhandlungen: »Wir haben noch einmal klargestellt, dass das Kirchenasyl nie ein zweiter Rechtsweg sein kann, sondern Ausdruck christlich motivierten humanitären Beistands ist, wenn befürchtet wird, dass einem Menschen bei seiner Abschiebung Menschenrechtsverletzungen oder unzumutbare Härten drohen. Dass dieser humanitäre Impuls jetzt auch von staatlicher Seite gewürdigt wird, ist gut.« Der Kompromiss wird von Politikern gelobt, allen voran von Bundestagspräsident Norbert Lammert.

Ähnlich geht der neue EKD-Chef bei der Sterbehilfe vor, die im Herbst des Jahres 2015 wieder im Bundestag debattiert werden soll. Er wendet sich gegen eine Erleichterung und schon gar gegen Hilfsangebote für Menschen, die ihrem Leben ein Ende setzen wollen. »Schon jetzt darf ja niemand in Deutschland zu lebenserhaltenden Maßnahmen gezwungen werden«, sagt er, »und diese Hochschätzung der Selbstbestimmung ist auch gut so. Aber die aktive vorzeitige Beendigung des Lebens würde zu einer normalen Option und würde damit das gesellschaftliche Klima verändern, wenn sie im Gesetz – wie restriktiv auch immer – festgeschrieben würde. Besser ist es, durch gute Pflege und Ausschöpfung der Möglichkeiten der Schmerzmedizin ein würdiges Sterben zu ermöglichen, so dass Menschen den Wunsch vorzeitiger Beendigung des Lebens erst gar nicht entwickeln.« Vor der bayerischen Synode hat er im Winter 2014 vor den Konsequenzen einer Erleichterung gewarnt. Sie kann ein Klima schaffen, in der Druck auf den Einzelnen entsteht: »Wenn der Opa Hilfe zur Selbsttötung bekommen hat und die Tante das auch so gemacht hat, warum soll ausgerechnet ich meinen Lieben zur Last fallen? Ich möchte, dass jeder Mensch in Deutschland weiß, dass er sich jetzt und in der Zukunft nie dafür rechtfertigen muss, dass er noch lebt.«

Das Thema zeigt auch, wie ein Prophet im Zeitalter sozialer Medien vorgehen muss: Erst gewinnt er die Synode dafür, die ihn gewählt hat, dann zieht er die Bundestagsabgeordneten aus dem Gebiet seiner Landeskirche ins Gespräch, dann veröffentlicht er ein Buch. Die Fachleute für Kommunikation nennen das »*Agenda setting*«. Und er muss auch irgendetwas mit Medien anfangen können. Bedford-Strohm hat ein Medientrainig absolviert.

Nur dass jemand prophetisch reden kann, dass er also das richtige Wort zur richtigen Zeit findet, das kann man offenbar nur begrenzt lernen. »Wir brauchen eine prophetische Klugheit« – das sagte nicht Bedford-Strohm, sondern sein katholisches Gegenüber, der Münchner Erzbischof Reinhard Marx – in einem Gruß vor der Synode der EKD, wenige Stunden bevor sie Bedford-Strohm zum Ratsvorsitzenden wählte.

Aber wenn dem Propheten im eigenen Bereich widersprochen wird? Zum Beispiel im Blick auf den Terror im Irak. Bedford-Strohm plädiert, nun auch als Ratsvorsitzender, für einen UNO-Einsatz. Margot Käßmann, die Reformationsbotschafterin, ist dagegen und fordert einen radikalen Pazifismus. Kann die evangelische Kirche mit zwei Stimmen reden? Und welche davon ist die prophetische? Oder können beide das Prophetenamt gegeneinander beanspruchen?

Der Gläubige:
Echte Frömmigkeit und falsche Gesetzlichkeit

»Ich wünsche mir eine Erweckung«, sagt Heinrich Bedford-Strohm. Und greift damit die Wortwahl der konservativen Protestanten auf. Die beten für eine neue Hinwendung der Menschen zu Gott. »Ich wünsche mir eine Erweckung«, fährt er fort, »die tiefe Frömmigkeit mit radikaler Liebe zur Welt verbindet.« Letzteres sagen die Linken, die Progressiven. Deshalb haben die Frommen früher Zeltevangelisationen organisiert und Schriften mit »vier geistlichen Gesetzen« auf den Straßen verteilt. Und die Progressiven haben Mahnwachen für den Frieden organisiert wie der junge Heinrich Bedford-Strohm und gegen die Rüstung demonstriert. Diese Gegensätze sind abgeflacht. Heinrich Bedford-Strohm greift das auf: »Wir brauchen eine Bewegung, die geprägt ist von Glaubenslust, die aber nicht zur Weltfremdheit führt, sondern zu einer radikalen Liebe zur Welt. Wer wirklich fromm ist, lässt sich ganz auf die Welt ein und beurteilt die Menschen nicht danach, ob sie fromm sind, ob sie Christus bekennen oder was immer. Sondern er liebt die Menschen, der liebt die Welt, der ist interessiert an der Welt – unabhängig davon, ob sie sich christlich nennt oder nicht. Christliche Glaubenslust darf nicht in der frommen Innerlichkeit stecken bleiben. Sie hilft der Welt, zu sich selbst zu kommen.« So hat er es in seiner Kindheit erlebt, mit einem Vater, der sich für seine Stadt, und einer Mutter, die sich für Amnesty International engagiert hat. Und die beide am Tisch gebetet haben.

Das ist ein Grundmotiv des Gläubigen Bedford-Strohm: Sein Glaube hat sich immer weiter entwickelt. Gab es keine Krisen? Keine Anfechtung in der Tiefe der Seele? Kein verzweifeltes Rufen nach Gott, auf das er nicht antwortet? Leiden nicht viele Pfarrer daran, dass ihnen Gewissheiten fraglich werden, gerade dann, wenn sie sie Jahr für Jahr verkündigen und die Routine die Begeisterung anfrisst? Manchmal scheint es gerade für die evangelische Kirche typisch zu sein, dass auf jede Gewissheit einer kommt, der sie infrage stellt. Die evangelische Kirche hat kein Lehramt, das feststellt, was als richtig zu gelten hat. Katholische Christen haben Anteil am Glauben ihrer Kirche. Das kann dem Einzelnen helfen, denn die Kirche glaubt auch für ihn mit. Es bindet den Einzelnen aber auch an die Kirche. Evangelische Christen sind überzeugt, dass ein direktes Verhältnis zwischen ihnen und Gott herrscht. Und dass sie dieses Verhältnis frei gestalten können – und müssen. Das schwächt die Kirchenbindung. Darin liegt ein Grund, warum bei Protestanten der Gottesdienstbesuch niedriger liegt und die Neigung zum Kirchenaustritt höher. Gemeinsam aber schauen Protestanten und Katholiken nach Vorbildern, die ihnen durch ihr Leben den Glauben leichter machen. Katholiken nennen sie Heilige, und die katholische Kirche hat ein Verfahren dafür entwickelt, wie sie Menschen heilig spricht.

Wie ist das also bei Heinrich Bedford-Strohm mit dem Glauben? »Ich werde immer wieder einmal gefragt, ob

mir Zweifel kommen oder ob ich schon einmal Glaubens-
krisen hatte«, sagt er. »Eigentlich müsste ich davon berichten können. Und ich weiß, dass es viele Menschen gibt, die
das erlebt haben. Ich weiß auch, dass es mir jederzeit
bevorstehen kann und dass Ungewissheit zum Glauben
gehören kann. Aber ich kann nicht aufwarten mit eigenen,
aufwühlenden Geschichten in dieser Hinsicht. Mein
Glaube ist konstant gewachsen. Deshalb hat es nie grund-
stürzende Zweifel gegeben.« Er ahne zwar, dass ein unge-
brochener Glaube keine Versicherung für die Zukunft sei.
»Der Zweifel kann jederzeit kommen. Ich weiß auch, dass
er, wenn er kommt, ein Teil der biblischen Story ist. Denn
selbst Jesus hat am Kreuz geschrien: Mein Gott, mein
Gott, warum hast du mich verlassen?«Doch genau daraus,
dass der Zweifel Teil der christlichen Story ist, zieht Bedford-Strohm sogar Zuversicht und Vertrauen zu Gott:
»Weil ich den Zweifel schon bei Jesus finde, kann ich
jetzt nur sagen: Wenn mir so etwas passiert, habe ich jetzt
die Zuversicht, dass ich nicht ins Bodenlose falle, sondern
dass es auch in dieser völligen Gottverlassenheit, die Jesus
erlebte, jemanden gibt, der mich hält. Wie das dann in
Wirklichkeit ist, wenn es passiert, kann ich jetzt nicht vor-
hersagen. Ich will jedenfalls ausdrücklich sagen, dass
Zweifel und Ungewissheit Teil eines lebendigen Glaubens
sein kann, auch wenn ich mich nicht danach sehne.« Und
er fügt hinzu: »Ich fühle mich gesegnet, weil ich dieses
starke innere Gefühl habe.«

Aus welchen Quellen schöpft er, um seinen Glauben zu
nähren? »Aus dem Gottesdienst«, sagt er ohne zu zögern.
»Regelmäßige Gebetszeiten oder eine ritualisierte persön-

liche Frömmigkeit für mich allein, das sind für mich nicht die Hauptquellen. Für mich ist der Gottesdienst in der Gemeinschaft besonders wichtig, und zwar in der vorgegebenen Form. Ich muss dabei mit anderen zusammen sein.« Er liest morgens die Herrnhuter Losung. Diesen Brauch teilt er mit vielen. Die Herrnhuter Brüdergemeine, eine evangelische Freikirche, die mit der EKD zusammenarbeitet, lost für jeden Tag einen Abschnitt aus dem Alten Testament, der Hebräischen Bibel, aus und stellt einen Vers aus dem Neuen Testament und ein Gebet oder ein Lied dazu. Seit ihrer Erfindung im Jahr 1731 haben die Losungen Generationen evangelischer Christen begleitet, zuhause, auf Reisen, im Krieg und in der Emigration. Sie werden in 55 Sprachen gedruckt und sind auf der ganzen Welt verbreitet. Bedford-Strohm denkt, wie viele Theologen, über die Verse und ihren Zusammenhang nach – eine typisch evangelische Bibelfrömmigkeit. Auch ist ihm wichtig, in der Bibel selbst zu lesen. Seinem Sohn hat er verraten, dass er auch schon die ganze Bibel im Zusammenhang gelesen hat. Und sich durch manche Kapitel quälte.

Wie hält es der Sozialethiker mit der persönlichen Ethik? Viele Ethiker sprechen über Steuergerechtigkeit, aber schweigen darüber, wie gern sie selbst Steuern vermeiden. Heinrich Bedford-Strohm greift ein anderes Beispiel auf, die Konsumentenethik: »Wenn ich Kaufentscheidungen treffe, trage ich Verantwortung dafür, dass ich Ausbeutung nicht fördere.« Er fährt mittlerweile auch mehr als früher Fahrrad. Aus Verantwortung für die Umwelt? »Es hat auch diesen Hintergrund«, antwortet er. »Ich habe es aber auch für meinen Körper gern.« Er schneidet von sich aus ein weiteres Thema an: »Dass ich mein Einkommen nicht für mich verbrauche, sondern so viel ich kann woanders hingebe, das hat auch mit den persönlichen Konsequenzen des Glaubens zu tun.« Warum reden evangelische Christen selten darüber? »Weil«, sagt er, »die Gefahr der Gesetzlichkeit droht.« Er macht sich daher selbst keinen Druck, und er mag niemanden, auch sich selbst nicht, für einen schlechten Menschen halten, wenn er sich in einer konkreten Lage anders entscheidet. »Aus Freiheit will ich es machen, und was ich aus Freiheit machen kann, das mache ich.«

Der Interkonfessionelle:
Ökumene der kurzen Wege

»Wir sind so evangelisch, wie wir ökumenisch sind« – so steht es in einer Kundgebung der EKD-Synode. Es ist typisch evangelisch, dass sich Protestanten als Teilkirche verstehen und dass sie die Katholiken als ebenso Teil-, als Schwesterkirche sehen. Ihre Wege haben sich nach der Reformation getrennt, so wie sich die Wege der westlichen und der östlichen vor einem Jahrtausend und die der orientalisch-orthodoxen vor eineinhalb Jahrtausenden auseinanderentwickelt haben. Weltweit ist die evangelische Kirche in rund 20.000 Konfessionen und Bewegungen aufgeteilt. Eine davon, die charismatische Bewegung, ist heute der am schnellsten wachsende Teil der Christenheit. Ihre Anhängerschaft wird auf mehr als 600 Millionen geschätzt. Die katholische Kirche kennt Orden, geistliche Gemeinschaften und Personalprälaturen. Ihr ist wichtig, dass sich die Vielfalt innerhalb der Kirche und unter dem Papst organisiert.

Aus evangelischer Sicht soll es dagegen zu einer versöhnten Verschiedenheit zwischen Kirchen kommen. Einer Verschiedenheit, bei der im Kern Einheit herrscht, nämlich im Verständnis des Evangeliums.

In diesem Bewusstsein liegt der Grund, warum die meisten evangelischen Christen heute selbstverständlich Kontakt zu ihren katholischen Nachbargemeinden halten. Ähnlich ist es in vielen katholischen Gemeinden. Ökumene ist normal. Auch Heinrich Bedford-Strohm ist mit einem ökumenischen Bewusstsein aufgewachsen. »Ich habe Ökumene immer positiv erlebt«, sagt er.

Wenige Tage nach seiner Wahl zum EKD-Ratsvorsitzenden radelt der oberste bayerische Protestant in München wieder einmal die 920 Meter zum Amtssitz von Kardinal Reinhard Marx, dem Palais Holnstein in der Altstadt, einem Barockschlösschen mit üppiger Rokokofassade, das die katholische Kirche, aber vor allem der Freistaat 2012 für fast neun Millionen Euro restauriert haben. Seit dem Frühjahr 2014 ist Marx der Vorsitzende der katholischen Deutschen Bischofskonferenz. Beide, Bedford-Strohm wie Marx, kommen aus der Wissenschaft. Marx leitete von 1989 bis zur Bischofsweihe 1996 das Sozialinstitut »Kommende« in Dortmund und wurde zum außerplanmäßigen Professor in Paderborn berufen. Als Kenner der Sozialethik sind beide trotz unterschiedlicher Statur politische Köpfe. Beide wissen, dass die Kirchen leichter öffentlich Gehör finden, wenn sie mit einer Stimme sprechen. »Wir haben ein unverklemmtes und offenes Verhältnis«, beschreibt Bedford-Strohm den Kontakt zwischen beiden. Bedford-Strohm predigt in der Frauenkirche, der katholischen Bischofskathedrale. Und im Januar 2015 kommt Marx zur Predigt in die evangelische Bischofskirche St. Matthäus. »Es ist übrigens toll, wie er predigt: immer frei und immer gehaltvoll«, findet der EKD-Ratsvorsitzende. Marx hatte ihn schon als bayerischer Landesbischof warmherzig begrüßt. »Wir sind auf einem guten Weg in Bayern«, sagte Marx nach Bedford-Strohms Wahl vor der Landessynode. Er freue sich, dass mit Bedford-Strohm ein ökumenisch engagierter Sozial-ethiker evangelischer Oberhirte in Bayern werde.

Mitunter halten katholische Bischöfe und Theologen der evangelischen Kirche vor, sie entfremde sich ethisch von früheren gemeinsamen Positionen. Etwa, weil sie Part-nerschaften ohne Trauung und die Ehe zwischen Homo-sexuellen nicht verurteilt. Die katholische Kirche lehnt beide Formen als schwere Sünde ab. Bedford-Strohm sieht dagegen in der Sozialethik einen Weg zur weiteren Annäherung zwischen den großen Kirchen. Denn gerade in der katholischen habe sich viel getan: »Über die katho-lische Weltkirche haben die Impulse der lateinamerikani-schen Befreiungstheologie Eingang gefunden in die etab-lierten Institutionen akademischer Theologie und Ethik – und das, obwohl das römische Lehramt immer wieder kor-rigierend einzugreifen versuchte.« Er schrieb diesen Satz 2004, als die Kurie unter Papst Johannes Paul II. Teile der Befreiungstheologie ablehnte. Seit 2013, seit mit Franzis-kus ein Argentinier und damit ein Kenner der Befreiungs-theologie Papst ist, hat sich auch das Gespräch über eine ökumenische Sozialethik neu belebt. Davon profitieren die beiden in München, der evangelische wie der katho-lische Bischof.

Sie profitieren auch davon, dass Marx in einer kitzligen Frage den Ball flach hält. Der deutsche Papst Benedikt XVI. hatte Wert darauf gelegt, dass die Protestanten »nicht Kir-che im eigentlichen Sinn« seien. Daher durfte die evangeli-sche Kirche auch nicht »Kirche« genannt werden. Öku-mene geht aber nur zwischen Partnern auf Augenhöhe. Bedford-Strohm sagt das ohne Umschweife. Die meisten katholischen Bischöfe sehen das wohl auch so. Und reden wieder unbefangen von der evangelischen Kirche. Auch Marx. Vor der Synode der EKD wagt er sich weit vor. Er lässt sein Manuskript Manuskript sein und sagt, dass die Taufe alle Christen verbindet. »Deshalb kann man sagen: Wir sind *eine* Kirche – in gewissem Sinne.«

Das mit der Kirche betrifft auch ein Thema, das die evangelische Kirche mit wachsender Spannung beschäftigt. 2017 wird es sich zum 500. Mal jähren, dass Martin Luther mit seinen 95 Thesen die Reformation auslöste. Die evangelische Kirche bereitet sich seit Jahren darauf vor. Aber sie sagte lange nicht, was sie denn 2017 feiern will. Die katholische findet erst langsam ein Verhältnis zu dem Anlass. Aber sie kann sich unmöglich aus dem Jubiläumsjahr heraushalten.

Der Weg dahin hält Irritationen bereit. Zwar hat die katholische Theologie in den letzten Jahrzehnten ein neues, freundlicheres Verhältnis zu Martin Luther entwickelt. Der 2011 verstorbene katholische Theologe Otto Hermann Pesch meinte: »Luthers Einsichten würden heute zum allergrößten Teil nicht einmal eine Diskussion, geschweige denn eine Verurteilung auslösen.« Er sah das Reformationsjubiläum als Chance für den Papst, das Ablasswesen abzuschaffen und Protestanten zur Eucharistie zuzulassen.

Doch bis theologische Einsichten die Hierarchie erreichen, kann es dauern. Erzbischof Kurt Koch, der Ökumeneminister des Vatikans, gab eine Sprachregelung für die katholische Kirche vor. Offizielle Dokumente, aber auch etwa die Katholische Nachrichtenagentur, sprechen seither vom »Reformationsgedenken« statt vom Jubiläum. Denn, so Koch, eine Kirchenspaltung könne Rom nicht feiern. Protestanten wenden ein, dass die Reformation als Kirchenspaltung nicht ganz erschöpfend beschrieben ist. Die Evangelische Kirche veröffentlichte 2014 einen theologischen Grundlagentext zum Verständnis der Reformation und dessen, was man im Jahr 2017 feiern kann. Sie sagt: »Reformation lässt sich für das einundzwanzigste Jahrhundert als Auszug aus Ängsten erzählen, der in einer vom Heiligen Geist geschenkten Befreiung durch Gott gründet und zum verantwortlichen Aufbruch in die Welt führt.« Freiheit, die Gott schenkt, sei ein Schlüsselwort für das, was die Reformation hervorgebracht hat. Sätze wie diese kann Heinrich Bedford-Strohm nur unterschreiben. Zudem, so die EKD, habe es in der gesamten Kirchengeschichte eine legitime Vielfalt von Konfessionen gegeben. Das habe die Reformation unterstrichen.

Auch dieser Text geriet in Konflikte zwischen den Kirchen. Denn eine wichtige Verständigung mit der katholischen Kirche blieb dort unerwähnt: 1999 einigten sich der Lutherische Weltbund und der Vatikan auf eine gemeinsame Erklärung zur Rechtfertigungslehre, dem innersten theologischen Thema der Reformation. Katholische Ökumenebischöfe reagierten verärgert auf den Grundlagentext. Inzwischen war im Blick auf die Feiern ein Kompromissvorschlag aufgetaucht: 2017 müsse ein Christusfest werden.

»Kardinal Marx und ich sind uns im Blick auf 2017 einig«, sagt Bedford-Strohm. »Als die Irritation mit dem

Rechtfertigungspapier einsetzte, hat Kardinal Marx gelassener reagiert als die meisten Bischöfe. Ich bin zuversichtlich, dass wir 2017 gemeinsam feiern werden. In einer Predigt im Münchener Liebfrauendom habe ich schon 2012 gesagt, dass wir das Reformationsjubiläum als großes Christusfest feiern wollen. Ich hatte den Eindruck, dass das bei ihm auf offene Ohren stieß.« Vor der Synode der EKD sagt Marx, es gebe ihm Hoffnung, dass zum ersten Mal ein Reformationsjubiläum im Zeichen der Ökumene gefeiert werde.

Ökumene ist aber mehr als das Verhältnis zwischen Protestanten und Katholiken. Im Februar 2015 verlieh die Rumänisch-orthodoxe Kirche in Deutschland Bedford-Strohm und Marx ihre höchste Auszeichnung, das »Kreuz der heiligen Brâncoveanu-Märtyrer«. Die Landeskirche und das Erzbistum hatten der Kirche mit jeweils 300.000 Euro geholfen, ein Grundstück für ihr Kirchen- und Gemeindezentrum zu kaufen.

Der Brückenbauer:
Zeit für mehr Brüderlichkeit

Tiefer als alle Beziehungen zu anderen Religionen reicht im Christentum die zu ihren jüdischen Mitgläubigen. Deshalb reagiert Bedford-Strohm, als im Frühjahr 2015 Josef Schuster, der Präsident des Zentralrats der Juden in Deutschland, davor warnt, in Problemvierteln deutscher Städte die Kippa zu tragen, das traditionelle jüdische Scheitelkäppchen. Es sei bedrückend und beschämend, dass Schuster diese Überlegungen auch nur anstellen müsse, sagt Bedford-Strohm zur Eröffnung der »Woche der Brüderlichkeit«, die jedes Jahr unter der Schirmherrschaft des Bundespräsidenten stattfindet. Bedford-Strohm nutzt die Gelegenheit. Er würdigt Veranstaltungen wie diese, die schnell zur Routine werden, als Gegenmacht, die das gute Verhältnis der Kirchen und auch der Gesellschaft zum Judentum unterstreiche. Im April 2015 gibt er zusammen mit Schuster dem *Spiegel* ein Interview.

Schon 2012 beschließt die bayerische Synode nach zweijährigen Diskussionen, ihr grundlegendes Ja zum Judentum in ihre Verfassung zu schreiben. Der Satz, der eingefügt werden soll, sagt, mit der ganzen Kirche Jesu Christi sei die bayerische Landeskirche »aus dem biblischen Gottesvolk Israel hervorgegangen und bezeugt mit der Heiligen Schrift dessen bleibende Erwählung.« Die Formel von der »bleibenden Erwählung« korrigiert die frühere Auffassung, das Judentum habe Gottes Erwählung verwirkt, weil es Jesus nicht als Retter angenommen habe, und das Christentum sei an seine Stelle getreten. In den letzten 80 Jahren hat sich die Erkenntnis durchgesetzt, dass Christen nicht an der Stelle, sondern an der Seite der Juden erwählt worden sind. Eindringlich wirbt der Bischof für den Zusatz, auch wenn noch nicht jede theologische Frage geklärt ist. Die Synode beschließt die Verfassungsänderung einstimmig.

Klarheit und gute Nachbarschaft gilt für Bedford-Strohm im Verhältnis zu Muslimen. Kurz nach seinem Amtsantritt in Bayern lädt er 50 Repräsentanten der Muslime im Freistaat ein. Um mit ihnen beim Essen Advent zu feiern, schrieb er auf *Facebook*, »so wie sie uns immer wieder zu ihren Iftar-Essen im Fastenmonat Ramadan einladen. Es war eine Atmosphäre von Freundschaft und Herzlichkeit, in der auch die Unterschiede zwischen den beiden Religionen nicht verwischt werden müssen. So stelle ich mir das friedliche Zusammenleben der Religionen vor.«

Der Gestalter:
Trau dir etwas zu!

Gerade zwei Wochen war Heinrich Bedford-Strohm Ratsvorsitzender der Evangelischen Kirche in Deutschland (EKD), da stellte der Landesbischof vor dem bayerischen Kirchenparlament klar: In das Amt des Ratsvorsitzenden sei er für zwölf Monate gewählt. Dann werde die EKD-Synode neu entscheiden. Das Jahr wolle er nutzen, »um in Anknüpfung an die Arbeit von Nikolaus Schneider wichtige Dinge aufs Gleis zu setzen, die keinen Aufschub dulden«.

Dass die Steuerung des Tankers evangelische Kirche keine Ein-Mann-Show ist, darüber ist sich der den Menschen stets zugewandte EKD-Ratsvorsitzende, der soziale Medien wie *Facebook* begeistert nutzt, im Klaren: »Weiter kommen wir nur als Kirche insgesamt, als Team im Rat, als Synode«, relativiert er Einschätzungen, der Ratsvorsitzende sei einem »Papst der Protestanten« vergleichbar. Eine neue geistliche Erweckung könne nicht ein Einzelner und auch nicht ein Ratsvorsitzender schaffen. »Ich bemühe mich, Anstöße zu geben. Ich bin mir dabei meiner Grenzen sehr bewusst. Ich tue, was in meiner Macht steht, und lege den Rest getrost in Gottes Hand«, dämpft Bedford-Strohm gegenüber dem Evangelischen Pressedienst hohe Erwartungen.

Zu den Dingen, die keinen Aufschub dulden, gehört das 500. Jubiläum der Reformation im Jahr 2017. Und die Jahre davor. Sie sind fast noch wichtiger. Wolfgang Huber hatte früh mit den Vorbereitungen begonnen. 2006, mitten in seiner Zeit als EKD-Ratsvorsitzender, hatte er ein Reformprogramm mit dem Motto »Kirche der Freiheit« auf den Weg gebracht. Dessen Kern: Die evangelische Kirche braucht eine innere Erneuerung. Manche würden sagen: Sie muss sich neu erfinden. Bis 2017 sollten evangelische Christen sagen können, wie evangelischer Glaube gelebt wird und worin er besteht. Der frühere – katholische – Bundestagspräsident Wolfgang Thierse traf den Kern des Problems, als er sagte, er würde gern auf die Protestanten hören, »wenn ich nur wüsste, was evangelisch ist.« Das fragt nicht nur nach den Grenzen der Vielfalt, die in der evangelischen Kirche gewollt ist. Es fragt vor allem nach Glaubensüberzeugungen.

Das Reformprogramm ist viel kritisiert worden: Es setze die Kirche unter Reformstress. Das empfohlene Ziel, gegen den demografischen Trend wachsen zu wollen, sei eine Anleitung zum Unglücklichsein. Die Pfarrer würden als Versager hingestellt. Das alles hat den Schwung gebremst, den das Pogramm am Anfang entwickelte.

Wolfgang Huber ist nach wie vor überzeugt, dass die Reform nötig ist. »Wir müssen so weiter arbeiten, dass die Kirche die Glaubenszuversicht zu ihrem Anliegen macht, die auch andere anzustecken vermag«, meint er. »Wir brauchen Klarheit im Kern, dann kann Offenheit nach außen herrschen. Und wir müssen die Zusage des Evangeliums stark machen, so dass die Erwartungen an die Lebensform sich nicht verselbstständigen.« Man müsse, mit anderen Worten, den evangelischen Glauben erkennen können und nicht nur seine ethischen oder politischen Konsequenzen.

Der Glaube, sagt Wolfgang Huber weiter, müsse der nächsten Generation zugänglich werden. Die Demografie konfrontiere die Kirche nicht nur damit, dass sie weniger Mitglieder hat und weniger Geld ausgeben kann, sondern fordere von ihr auch, ihre Botschaft neu zu formulieren. Andere Theologen beklagen gern, dass der Glaube verdunste, weil neue Generationen heranwachsen, deren Eltern weder mit ihnen gebetet haben noch zur Kirche gingen. »Das muss die Kirche zuversichtlich und nicht wehleidig angehen«, sagt Wolfgang Huber. »Und dafür gibt uns das Jahr 2017 eine öffentliche Bühne, wie man sie sich besser gar nicht wünschen könnte.«

Zuversichtlich – das ist für Heinrich Bedford-Strohm das Schlüsselwort. »Wir können fröhlich bleiben, weil wir so eine wunderbare Botschaft haben. Die kann einen nur fröhlich machen, und die ist auch nicht abhängig davon, wie die Kopfzahlen genau sind«, sagt er mit einem entwaffnenden, energiegeladenen Lächeln. Über die Nachrichtenagenturen laufen gerade Nachrichten, dass die Austrittszahlen aus beiden großen Kirchen im Vorjahr hochgeschnellt sind. Wahrscheinlich, weil die Kirchen nicht richtig erklärt haben, wie und warum die Banken demnächst Kirchensteuer auf Kapitalerträge einbehalten. Das kann man nicht weglächeln. Er wird einen Moment ernst. »Natürlich gibt uns die Situation Grund zu fragen: Warum gelingt es uns noch nicht, diese starke Botschaft so auszurichten, dass die Leute im Herzen spüren, welche Kraft sie hat?« Aber man soll sich nicht davon entmutigen lassen. Hinter seinen Worten steht die Erfahrung von Kirchen in China oder in Ruanda. Die sind arm, aber haben viel Einfluss. Und sie wachsen. »Ich habe Gemeinden in Minderheitensituationen erlebt, die mein Herz erfüllt und erfreut haben«, sagt er. »Lasst uns auch selbst daran glauben, dass diese Botschaft Kraft hat, anstatt uns darüber zu ergehen, dass kein Mensch sie mehr hören will. Dann will sie irgendwann wirklich kein Mensch mehr hören.«

Sein Bild der Kirche der Zukunft unterscheidet sich gar nicht so sehr von dem der Kirche der Vergangenheit. Er will aber einen anderen Umgang damit: neue Formen für den alten Glauben. »Wir müssen die alten Traditionen nicht über Bord werfen. Es hängt aber viel davon ab, wie wir sie erklären. Ich bin überzeugt, dass wir sie so erklären können, dass sie Menschen ansprechen.« Doch muss die Kirche aus der Milieuhaftigkeit herauskommen, sagt er der *Zeit*. »Dazu gehört innere Stärke, die aus dem Glauben erwächst. Wir können uns einlassen auf fremde Lebenswelten. Wir können es aushalten, wenn Menschen anders leben und denken, als wir Kirchen es gewohnt sind, und auch, wenn sie den Glauben erst einmal skeptisch betrachten. Ich plädiere dafür, sich kritische Fragen gefallen zu lassen und zu überlegen, wie wir uns verändern müssen, um den christlichen Glauben authentischer auszustrahlen.«

Deshalb geht er vorsichtig um mit dem Ziel des Wachsenwollens: »Ich möchte Menschen bestärken, aber keinen Druck machen.« Vor allem, sagt er, dürfe man die Pfarrer, die Schlüsselpersonen, nicht so hinstellen, als seien sie das Schlüsselproblem. Immer wieder kommt er bei diesem Thema ins Erzählen. Zum Beispiel, wie er einen Kollegen im Pfarramt ermutigen würde, den sein Alltag aufreibt: »Schau doch mal an, wie vielen Menschen du Entscheidendes gesagt und getan hast. Du hast so und so viel Menschen konfirmiert, und vielleicht hast du im Leben eines Menschen mit fünf Sätzen einen riesigen Unterschied gemacht. Du merkst es vielleicht erst viel später oder auch nie. Deshalb trau deiner eigenen Arbeit etwas zu, anstatt dich in der Sorge vor der Erfolglosigkeit zu verlieren.«

Wenn es um die Erneuerung der Kirche geht, kommt er immer wieder ins Erzählen, gleich ob vor der Presse, im Dialog mit Politikern oder in seinen Berichten vor der Synode. Es sind anrührende Geschichten von der Kraft guter Erfahrungen, von Freude trotz Armut, von Begeisterung mitten in der Anspannung. Spürt er die Kraft guter Botschaften, weil er selbst gute Geschichten erlebt hat? Oder weil Menschen wie er das Gute in den Geschichte mit anderen Augen sehen? Gute Botschaft heißt auf Griechisch, der Sprache des Neuen Testaments: Evangelium. Wenn er Zukunft gestalten wird, dann fallen Heinrich Bedford-Strohm immer wieder Situationen ein, die von Hoffnung und Zuversicht gesättigt sind.

Der Fröhliche:
Glaubenslust und Feierlaune

Mitunter inszeniert er die guten Geschichten auch selbst. Zum Beispiel mit seinem ersten Weihnachtsgruß 2011 als Bischof. Der steht bis heute auf *Youtube* und ist mehr als 13.000 Mal aufgerufen worden. Im Oktober war er ins Bischofsamt gewählt worden. Im Dezember stellt er ein Video auf die Plattform. »Ich wünsche Ihnen und Euch ein frohes und gesegnetes Weihnachtsfest«, sagte er, nicht mehr. Er sagt es, so wie er es auch sagen würde, wenn er einem gegenüberstünde. »Und ich möchte diesen Wunsch heute einfach mal musikalisch ausdrücken.« Er greift zur Geige und intoniert mit kräftigen, entschlossenen Strichen das Lied: »Herbei, o ihr Gläubigen, fröhlich triumphieret, o kommet, o kommet nach Bethlehem.« Das Lied stammt wahrscheinlich aus dem englischen Sprachraum. Genau weiß man es nicht. Aber es ist dort weit verbreitet. Das passt zu seiner Familie, in der er das einzige Mitglied nur mit deutschem Pass ist. Dann setzen Klavier und Bass ein. Die nächste Kameraeinstellung zeigt, dass die Musikanten im Foyer des bayerischen Landeskirchenamtes stehen. Jetzt kommen Mitarbeiter aus den Fluren, Akten in der Hand, und beginnen zu singen, auf englisch: »O come, let us adore him, kommt lasst uns ihn anbeten.« Immer mehr strömen zusammen, ein stattlicher Chor. Die nächste Strophe wird rhythmischer, ein bisschen angejazzt. Eine festliche fröhliche, feierliche und schräge Kadenz am Schluss,

Applaus. Es fällt schwer, davon nicht berührt zu sein und mitgenommen zu werden. »Bei seiner Geige ist er ganz zuhause«, sagt sein Vater Albert. Alle Kinder der Familie mussten ein Instrument lernen. Und weil Klavier und Flöte schon verteilt waren, wurde für ihn die Geige bestimmt.

In seinem ersten Bericht vor der bayerischen Landessynode spricht er von der Lust, evangelisch zu sein: »Diese Lust haben wir, und deswegen lade ich alle Evangelischen in Bayern und alle, die skeptisch, aber vielleicht auch ein bisschen neugierig sind, ein, diese Lust auch zu zeigen, in die Gottesdienste zu kommen, sich neu auf das reformatorische Erbe einzulassen und mit zu entdecken, was es heißt, heute evangelisch zu sein.« Das bedeutet keine Abgrenzung zur katholischen Kirche: »Nur wer sich seiner Sache unsicher ist, muss seine Identität durch Abgrenzung gewinnen. Wir sind gerne evangelisch und freuen uns genau deswegen über alle Erfahrungen von Gemeinschaft mit Menschen, die gerne katholisch oder gerne orthodox sind.«

Gottesdienste, findet er, werden unterschätzt. Für ihn selbst sind sie das Zentrum seiner Frömmigkeit. »Wir sollten schöne Gottesdienste feiern«, sagt er unvermittelt, als das Thema darauf kommt, wie man sich religiös mit Fundamentalisten auseinandersetzt. »Kraftvolle Gottesdienste entwickeln in der modernen Lebenswelt ein noch gar nicht ausgeschöpftes Potenzial. Sie sprechen Menschen an, und sie machen die Lebendigkeit des Heiligen Geistes spürbar.« Deshalb müssen die Kirchen nach seine Ansicht neue Formen ausprobieren und zugleich die alten Texte in ihrer Kraft wirken lassen, die sie durch die Jahrhunderte gewonnen haben.

Diese Lust am Glauben und am Leben! Woher kommt sie? »Vom Vater kann er's nicht haben, der war ganz nüchtern«, sagt Hans-Martin Weiss, der Regensburger Regionalbischof, der ihn und die Familie noch aus Studienzeiten kennt. Heinrich Bedford-Strohm sieht die Quellen seiner Lebenskonstitution trotzdem in seiner Familie. Er greift weit in die Kindheit zurück: »Sie ist, glaube ich, dem behüteten Aufwachsen in einer Familie schon geschuldet«. Vier Geschwister, er als dritter zwischen älteren Brüdern und einer jüngeren Schwester – das sieht er als gute Grundlage. Und da waren Eltern, die für ihn einstanden. »Auf sie konnte ich mich immer verlassen«, sagt er. »Sie haben mir diesen Kontext einer Geborgenheit in einer Familie gegeben; der ist eine Grundlage für ein stabiles inneres Lebensgefühl.«

Auch sein Vater sieht das ähnlich: »Wer als viertes von fünf Geschwistern geboren wird, lernt von selbst geschwisterlichen Umgang mit anderen Menschen«, sagte er der *Passauer Neuen Presse*. Und er führt die soziale Sensibilität auf die Mutter zurück: »Wer eine Mutter hat, die immer ein Herz für die ›geringsten Schwestern und Brüder Jesu‹ besaß, der bekommt früh den Blick für die Armen mit und den Hunger nach Gerechtigkeit.« Er gab seinem Sohn Heinrich bei dessen Wahl einen Rat mit auf den Weg, verriet er den Journalisten: »Bleib mit Gottes Hilfe bei deiner Menschenliebe und deiner Gelassenheit.«

Anhang

Exklusives Interview: »Dein Name geht nicht verloren«

Das Thema Sterben, Tod und Auferstehung ist eines der wichtigsten für Heinrich Bedford-Strohm, ist es immer gewesen. Sein Vater, der 1994 in den Ruhestand getreten ist und den Weg des Sohnes verfolgt, erinnert sich vor allem an den Umgang des Sohnes mit Kranken und Sterbenden. Etwa, als er noch einfacher Seelsorger war und eine Prädikantin aus seinem Kirchenvorstand einen ihrer Söhne verlor. Er wurde als Bergsteiger am Montblanc verschüttet. Heinrich Bedford-Strohm stand der Familie zur Seite und hielt die Beerdigung. »Da war er mit dem Herzen sehr dabei«, erzählt sein Vater. »Er hat eine tiefe Verbundenheit vor allem mit Schwerkranken«. Bedford-Strohm hat sich, wie schon erwähnt, auch bei der Debatte um die Sterbehilfe immer wieder zu Wort gemeldet. Über sein geistiges und geistliches Fundament, auf dem seine Überzeugungen beruhen, die er in dieser Debatte vertreten hat und vertritt, darüber hat er in einem Interview exklusiv für dieses Buch gesprochen:

Herr Bedford-Strohm, man sagt Ihnen eine besondere Nähe zu Schwerkranken und Sterbenden nach. Was, glauben Sie, kommt, wenn unser Leben beendet ist?
Heinrich Bedford-Strohm: Ich plädiere dafür, dass wir uns auf die wunderbaren Bilder der Bibel vom Leben nach dem Tod ein-

lassen. Im Bewusstsein dessen, dass es Bilder sind, Vorstellungen, von denen keiner weiß, was hinter ihnen steht, wenn unser irdisches Leben zu Ende gegangen ist. Die biblische Erwartung eines Lebens nach dem Tod ist eine wunderbare Hoffnung.

Wie begründet ist es, auf ein ewiges Leben zu hoffen?
Philosophisch kann diese Hoffnung nicht weniger Gründe für sich in Anspruch nehmen als die Behauptung des Gegenteils. Ich muss meine Vernunft nicht vergewaltigen, um mich auf diese Bilder einzulassen.

Was, sagen die Bilder, wird nach dem Tod geschehen?
Der erste Korintherbrief spricht vom Samenkorn, das stirbt, damit etwas Schöneres, Neues wachsen kann. Wir werden verweslich gesät und werden unverweslich auferstehen. Gleichzeitig sagt Paulus, dass der Leib bleibt, also der ganze Mensch, und nicht nur die Seele. Nicht das Sein, wie es jetzt ist, und nicht der Körper, aber der Leib bleibt. Deswegen glaube ich daran, dass wir im ewigen Leben unsere Identität behalten, also nicht in eine ewige Ursuppe einfließen.

Wir gehen also nicht in ein größeres Ganzes auf?
Im Jesaja-Buch sagt Gott: Fürchte dich nicht, denn ich habe dich bei deinem Namen gerufen, du bist mein. Das gilt über die Grenze des Todes hinweg. Das Du und dein Name gehen nicht verloren. Deswegen glaube ich, dass wir mit unserer Geschichte, unserer Identität, mit allem, was uns ausmacht, bei Gott in der Ewigkeit aufgehoben sind, gleich ob der Körper verbrannt worden oder in der Erde verwest ist. Niemand muss

Angst haben, dass etwas Schaden nehmen könnte, wenn man sich verbrennen lässt. Aber ich glaube, dass wir in der Gottesbeziehung die Grenze des Todes überschreiten.

Sind wir nach dem Tod sofort bei Gott oder stellen Sie sich eine lange Wartezeit vor?
Es gibt in der Bibel beide Bilder. Jesus sagt zu dem Verbrecher, der mit ihm gekreuzigt wird: Heute noch wirst du mit mir im Paradies sein. In zweiten Petrusbrief werden alle zeitlichen Vorstellungen relativiert: Vor Gott sind ein Tag wie tausend Jahre und tausend Jahre wie ein Tag. Im 1. Thessalonicherbrief sagt Paulus, dass am Ende der Zeiten beim Schall der Posaunen die Toten in Christus auferstehen und wir dann alle zusammen bei Gott sein werden.

Um mir das klar zu machen, hilft mir eine schöne Interpretation Martin Luthers: Es ist wie beim Sekundenschlaf. Du schläfst ein und wachst auf, irgendwann, und du weißt nicht, wie lange du geschlafen hast, zehn Sekunden oder zehn Stunden. In diesem Moment, in der Ewigkeit, ist jede Zeit aufgehoben. Deswegen ist es kein Widerspruch, wenn Jesus den Verbrecher damit tröstet, dass er heute noch Gott sehen wird, und an anderen Stellen in langen Zeiträumen gedacht wird. »Ehe du dich umschaust«, sagt Luther, »bist du schon ein schöner Engel.«

Werden wir unsere Lieben wiedersehen?
Darüber habe ich mir viele Gedanken gemacht: Kann man das begründet bejahen, wenn Angehörige eines Sterbenden oder Verstorbenen danach fragen? Ich bin zu dem Ergebnis gekommen: Ja, ich kann verantwortlich sagen, dass wir unsere Lie-

ben wiedersehen. Denn unsere Identität wird nach den Aussagen der Bibel nicht aufgehoben. Gott ruft uns mit Namen. Wir werden Ehepartner nicht mehr als Ehepartner erleben. Die Bibel spricht von keinen exklusiven Partnerschaften mehr in Gottes Welt. Die Umstände, die unser Leben auf der Erde prägten, werden dann vergangen und überwunden sein. Es wird eine neue Form der Begegnung geben. Allerdings halte ich es auch mit dem Theologen Karl Barth. Der hat auf die Frage, ob wir im Himmel unsere Lieben wiedersehen, geantwortet: »Ja, aber die anderen auch.«

Sie nehmen also die Bilder der Bibel ernst und nicht nur ihren Gehalt?
Ich sage: Lasst uns diese Bilder ernst nehmen, lasst uns auch von ihnen erzählen, lasst uns den Leuten berichten und es in Predigten entfalten, wie wir uns das Leben mit Gott und bei Gott vorstellen. Denn diese Bilder haben Kraft. Wer sich darauf zurückzieht, dass wir gar nichts sagen können, bringt sich um eine entscheidende Erfahrung. Er hat darin recht, dass unsere Sprache nicht reicht, um die Welt Gottes zu beschreiben. Aber genau deshalb können wir uns auf die Bilder einlassen.

Sehen Sie es auch so, dass das Problem der Kirche weniger in der Bürokratie, der Kirchensteuer und der Überlastung liegt, sondern in den Skrupeln, auf solche Fragen zu antworten?
Ich glaube ja. Wir müssen öfter wagen, eine Aussage zu treffen. Kein Mensch hört gern, dass sein Gegenüber sich zurückzieht und sagt, eigentlich könne man nicht wirklich etwas sagen. Die Leute wollen wissen, was wir glauben. Und was ich hier gesagt habe, glaube ich.

Dieser Daten wurden abgedruckt mit freundlicher Erlaubnis der Internetseite www.bayern-evangelisch.de:

30. März 1960: Geboren in Buxach bei Memmingen als viertes von fünf Kindern von Pfarrer Albert und Barbara Strohm

1966–1979: Schulzeit in Coburg, Schülersprecher am Gymnasium Casimirianum

1979–1980: Grundwehrdienst als Sanitäter in Kempten, Amberg und Passau

1980–1981: Studium der Rechtwissenschaften, Geschichte und Politikwissenschaften

1981–1988: Studium der Theologie in Erlangen, Heidelberg, Berkeley (USA)

1984: Heirat mit Deborah Bedford-Strohm aus Boston/USA. Aus der Ehe gehen drei Kinder hervor: Jonas (geb. 1992, Heidelberg), Lennart (geb. 1994, Heidelberg), Nathan (geb. 1995, New York)

1989–1992: Assistent am Lehrstuhl Systematische Theologie und Sozialethik an der Universität Heidelberg

1992: Promotion an der Universität Heidelberg (Titel: Vorrang für die Armen. Auf dem Weg zu einer theologischen Theorie der Gerechtigkeit)

1992–1994: Bayerischer Gastvikar in der evangelischen Kirchengemeinde Heddesheim (Baden)

1995: Dietrich-Bonhoeffer-Gastprofessor für Sozialethik am Union Theological Seminary in New York

1997–1999 und 2001–2004: Pfarrer z. A. und ab 2002 Pfarrer an der Morizkirche in Coburg. Schwerpunkte: Seelsorge und Gottesdienst, Gemeindebrief und Öffentlichkeitsarbeit, Runder Tisch sozialer Verantwortung

1997–1999 und 2001–2002: Pfarrer in der Ahorner Werkstatt für Menschen mit Behinderung des Diakonischen Werks. Vorträge bei nationalen und internationalen Konferenzen zu Auftrag und Praxis der Diakonie, Mitverfasser des Dokuments »Perspektiven der Diakonie im gesellschaftlichen Wandel« des DW der EKD (2011)

1998: Habilitation an der Universität Heidelberg (Titel: Gemeinschaft aus kommunikativer Freiheit. Sozialer Zusammenhalt in der modernen Gesellschaft aus theologischer Sicht)

1999–2001: Professurvertretung Systematische Theologie an der Universität Gießen

2004–2011: Inhaber des Lehrstuhls für Systematische Theologie und Theologische Gegenwartsfragen an der Universität Bamberg

2008–2011: Leiter der Dietrich-Bonhoeffer-Forschungsstelle für Öffentliche Theologie an der Universität Bamberg

2006–2009: Führung der Fakultät Humanwissenschaften als Dekan an der Universität Bamberg

Seit 2009: Außerplanmäßiger Professor an der Universität Stellenbosch (Südafrika)

4. April 2011: Wahl zum Landesbischof der Evangelischen Kirche in Bayern

30. Oktober 2011: Einführung ins Amt des Landesbischofs

11. November 2014: Wahl und Amtsantritt als Vorsitzender des Rates der Evangelischen Kirche in Deutschland

Mitglied der Gesellschaft für Evangelische Theologie, Vorsitz von 2005 bis 2011

Mitherausgeber der Zeitschrift *Evangelische Theologie*, bis 2011 geschäftsführender Herausgeber

Mitherausgeber der Buchreihen *Öffentliche Theologie* (zusammen mit Wolfgang Huber), *Theology in the Public Square* (zusammen mit James Haire, Dirk J. Smit, Helga Kuhlmann und Rudolf von Sinner), *Arbeiten zur Systematischen Theologie* (zusammen mit Ulrich Körtner, Rochus Leonhardt, Notker Slenczka und Günther Thomas)

Autor bzw. Herausgeber von über 20 Büchern und 160 Aufsätzen

Bis 2013: Stellvertretender Vorsitzender der Kammer der EKD für Soziale Ordnung

Seit 2011: Honorarprofessor für Systematische Theologie und Theologische Gegenwartsfragen an der Universität Bamberg

Mitglied der Kontaktkommission des Rates der EKD und der katholischen Deutschen Bischofskonferenz

Vorsitzender des Beirats des Studienseminars der Vereinigten Evangelisch-Lutherischen Kirche Deutschlands (VELKD) in Pullach bei München

Mitglied der Ökumene-Kommission der VELKD und der katholischen Deutschen Bischofskonferenz

EKD-Delegierter und Vorsitzender des Einheitsausschusses bei der zehnten Vollversammlung des Ökumenischen Rates der Kirchen in Busan/Korea 2013

Mitherausgeber der Zeitschriften *zeitzeichen* und *Chrismon*